꿈꾸는
카멜레온

꿈꾸는 카멜레온

황정원 수필집

연암서가

현정원

그림 그리는 수필가.

2009년 『현대수필』로 등단. 2012년 문학나무에서 주관하는 '젊은 수필'에 선정되었고, 2012년 2013년, 2016년 에세이스트 '올해의 작품상'을 받았다. 첫 수필집 『엄마의 날개옷』으로 2013년 제6회 '정경문학상'을 수상했고, 단편소설 「유리산누에나방」으로 2014년 제12회 '삶의 향기 동서문학상' 소설 부문 동상에 당선되었다. 2020년 『아버지의 비밀 정원』과 『제주 2년, 그림일기』를 출간했고, 2023년 제19회 '구름카페문학상'을 받으며 선집 『새꿈』을 펴냈다.

2015년 다리 골절을 겪으며 그리기 시작한 아크릴화로 2018년, 2022년, 2024년 〈대한민국 수채화공모대전〉에서 특선 및 입선하고, 2020년 서울 57th 갤러리에서 개인전 〈나나-너나-나〉를 개최했다. 2023년 인사아트센터 〈송파유화창작회 정기전〉에 합류하는 등 다수의 단체전에 참여했다.

현재 한국문인협회, 현대수필문인회, 에세이스트문학회, 동서문학회, 이화여대동창문인회, 북촌시사의 동인으로 활동하고 있다.

꿈꾸는 카멜레온

2024년 11월 25일 초판 1쇄 인쇄
2024년 11월 30일 초판 1쇄 발행

지은이 | 현정원
펴낸이 | 권오상
펴낸곳 | 연암서가

등록 | 2007년 10월 8일(제396-2007-00107호)
주소 | 경기도 고양시 일산서구 호수로 896, 402-1101
전화 | 031-907-3010
팩스 | 031-912-3012
이메일 | yeonamseoga@naver.com

ISBN 979-11-6087-133-3 03810
값 16,000원

작가의 말

 제 방이 온통 도형이에요. 외곽선 뚜렷한 사각 면들이 바닥과 벽과 천장에서 환하게 빛나고 있어요. 이상하지 않나요? 햇살이 버티컬과 창틀을 도구 삼아 그린 그림이라면 그림자일 텐데 왜 어둡지 않고 빛이 나는 걸까요? 실은 저, 그 이유 알고 있답니다. 빛을 뿜고 있는 저 네모 면들, 뭔가에 가로막힌 햇살의 부재 상태, 그림자가 아니거든요. 오히려 빛 희박한 공간 속으로 막힘없이 직진한 햇살이 부려놓은 빛의 면이지요.

 바닥의 빛 면 하나를 골라 가만히 들여다봅니다. 빛 속에서 아련히 한 장면이 떠오르네요. 둥그런 밥상에서 아버지와 엄마와 제가 밥을 먹고 있어요. 아버지가 갑자기 수저로 제 머리를 통 칩니다. 이유요? 모르겠어요. 생각나지 않아요. '왜, 순가락으로 애를 때리고 그래요'라는 엄마의 말은 기억나지만요. 그때 제가 슬쩍 머리꼭지를 만져 보았거든요. 아무렇지 않았어요. 머리칼에 묻은 것도 없고 아프지도 않았어요.

 이 광경, 이따금 꺼내어 들여다봅니다. 기억 창고에서 실제 있었던 일로요. 그런데 지금 갑자기 헷갈리네요. 아버지의 성품이 평생 온순하셨거든요. 저는 꿈 일기장을 만든 적이 있을 정도로 꿈쟁이고요. 이 평범하지 않은 밥상 풍경, 기억이 아니라 꿈이었을까, 싶어진 거지요. 하기는 기억이든 꿈이든 무슨 상관일까요. 기억으로 변한 실제는 꿈과 같지 않던가요. 머릿속으로 장면이 그려진다는 점이 그렇고 머릿속 눈으로만 볼 수 있다는 점도 그렇고……. 다행이고 좋다 싶은 건, 놀라서겠지만 이 장면이 제 뇌 주름에 깊이 새겨졌다는 점이에요. 그래서 언제든 젊디젊은 아버지와 엄마를 불러내 만날 수 있다는 거예요.

 2020년 『아버지의 비밀 정원』 출간 후 여러 문예지에 발표했던 글들로 새 책을 엮습니다. 제 삶이 저를 관통하며 제 발끝에 매달아 놓은 그림자와 일상이 저를 비껴가며 제 눈앞에 환등기처럼 비춰준 빛 면들을 담은 거지요. 저는 기억이란, 꿈이란, 삶이, 일상이, 저의 뇌리에 또 마음에 부려놓고 쏘아놓은 그림자와 빛 면이라 생각하거든요. 저의 글은 그 그림자와 빛 면에, 기억과 꿈에, 순간순간의 감상을 채색하듯 얇게 덧입힌 것이고요. 이런 제 글이 독자들에게 조금은 청량하고 얼마간은 따뜻한 것으로, 더 바라기는 맑고 순전한 것으로, 가 닿기를 부디 바라지만 자신은 없어요.

그러고 보니 조금 전의 둥그런 밥상, 청량하고 따뜻하고 순전한 것이네요, 제게는. 근엄하기는커녕 어린 딸 눈에도 어이없던 아버지를 떠올릴 때마다 저, 정수리를 매만지며 허허 맑게 웃곤 하거든요. 이유 불문 제 편인 새댁 엄마에게 검버섯 핀 손으로 엄지척해 줘 가면서요.

그런데 엉뚱하지요? 기억도 꿈으로 바꾸는 마당에 아버지의 숟가락이 친밀감 내지는 관심의 전도체였다, 우긴들 어떠하리 싶어지니 말이에요. 어릴 적 숟가락 퉁을 현재로 끌고 와 준비 땅으로 여기고 싶으니…….

저 이제 『꿈꾸는 카멜레온』, 엄지척과 미소로 세상에 내보낼 수 있을 것 같아요. 이상하고 아름다운 나라에서 아버지 엄마가 통하고 보내준 응원과 격려, 방금 땅하고 수신했거든요.

이만큼의 제가 되게 가르쳐주시고 이끌어 주신 은사님들과 좋은 롤모델이 되어주신 선배 후배 문우님들께 꾸벅

인사 올립니다. 남편과 아들들과 며느리, 고맙습니다. 연암서가에도 감사드립니다.

2024년 제주 판포에서

현정원

들어가며

스틸 라이프

 허겁지겁 부엌을 정리한다. 급하게 생선을 구워 상을 차린다. 밑반찬 외 다른 반찬은 포기다. 오랜만에 나간 글 모임이 생각보다 길어져 귀가가 늦었다. 미리 말씀만 드려놓으면 혼자서도 잘 차려 드시는데 내가 맘 편히 그러지를 못한다. 다행히 시간 내 아버님 상차림 완수. 남편도 없겠다, 편한 마음으로 작업실로 간다. 제주로 이사 오면서 마련한, 본채와 입구를 따로 쓰는 8평 남짓의 공간이다. 캔버스와 물감, 붓 등이 집안을 어지럽히는 게 싫어 창고처럼 만든 건데 언제부터인지 하루의 대부분을 보내는 내 놀이터가 되었다.

 책상에 앉아 아침에 읽다 만 신문을 펼친다. 사진이 눈에 들어온다. 센트럴파크 동물원의 찢긴 보호망 사이로 탈출해 도시의 쥐를 먹이 삼아 살다 결국 높은 빌딩에 충돌

해 죽은 수컷 수리부엉이, 플라코의 사진이다. 자세히는 창밖에서 건물 안쪽을 바라보는 물끄러미 플라코와 뉴욕 맨해튼 거리 벽면에 큰 눈으로 그려진 이글이글 플라코. 플라코는 지난 1년여 동안 자유의 상징으로 소셜미디어에서 인기를 구가했단다. 건물 꼭대기나 주택 창가에 앉아 깃털 휘날리고 있는 플라코의 모습이 사람들에게 '사육당하는 장수長壽보다 자유로운 위험을 선택한 영웅'으로 비친 때문이었다.

그런데 내가 기사를 읽으며 속으로 셈을 하고 있다? 결혼하면서부터니, 결혼한 게 1986년이니 하면서? 그뿐인가, 내 시집살이를 플라코의 그물망 삶에, 시부모님과 남편을 사육사에 은근슬쩍 빗대기까지? 에이, 이건 아니지 싶다. 나가도 너무 나갔다. 굳이 한탄하고 싶으면 내 철딱서니 없음이나 무지無知에 해야 하리. 착한 사람 신드롬을 탓하던가. 고개를 저으며 내 며느리를 떠올린다. 나와는 여러 면에서 비교되는 명랑 활달 에너지의 아이콘이자 참신 기발의 아이디어맨.

얼마 전 워싱턴 DC에 사는 아들 부부와 3박 4일 도쿄를 다녀왔다. 건강검진을 받기 위해 아들보다 열흘 먼저 서울에 온 며느리의 깜짝 제안, 그러니까 항공료를 아끼기 위해 하네다 경유 비행기를 타고 올 아들을 마중 나가 함께 도쿄를 여행하자는 권유를 흔쾌히 받아들인 것이었다.

안 그래도 가보고 싶었다. 축제 때 다른 유학생 가족들과 어울려 떡볶이 잡채 등을 팔던 오카야마의 도쿄공업대학 캠퍼스랑 가파른 계단을 열 개 정도 올라가야 닿던 축대 위의 낡은 아파트랑 분리불안으로 울어대는 큰애를 맡겨놓고 마음 침침 돌아서던 동네 어린이집이랑 뱃속의 둘째까지 네 식구 오롯이 오리배를 타던 센조쿠의 커다란 연못이랑 화려한 불꽃이 끝없이 쏟아져 내리던 여름밤의 후다코다마카와 해 질 녘 어디선가 나타나 청회색 하늘에 이리저리 검은 화살 점 찍으며 날아오르던 그 강의 박쥐들이……. 이런 지경이었으니 내 입에서 '어머 너무 좋아, 가자, 우리'가 터져 나올밖에. 도쿄는 남편의 30여 년 전 유학지였다. 내게는 지지리 궁색 대처법을 배운 인생 학습지地이자 추억의 장소이고.

생각해 보면 당시의 나, 참 겁도 없었다. 돈 한 푼 없이 떠나면서 그리도 신나 했으니 말이다. 그것도 2살 난 아들을 데리고. 이유는 뻔했다. 슬슬 힘들어지던 시부모님과의 동거로부터 죄책감 없이 놓여날 수 있기 때문이었다. 시집뿐이랴, 좋거나 말거나 모든 관계에서 잠깐이나마 비켜날 수 있었다. 돈이 없었다지만 은근히 믿는 구석도 있었다. 결혼 때 받은 패물과 아들의 돌 반지를 팔아 약간의 비상금을 마련한 데다, 문부성이 주는 생활비가 당시의 대졸 초임이라 아끼면 빠듯하나마 살 수 있을 터였다. 실제로도 괜찮았다. 이런저런 아르바이트를 할 수 있었고 일본어 능력시험 1급을 따면서는 아남산업 도쿄 사무실에 취직해 저축도 했다. 그 돈은 남편이 연구 테마를 바꾸며 늘어난 유학 기간에 소중히 쓰였다.

불쑥, 묘연해진다, 도록의 행방. 신문을 접어 밀쳐두고 이곳저곳을 뒤진다. 아들 부부와 도쿄를 돌아다니다 SOMPO 미술관에서 사 온 『van Gogh and still life:』를 찾는 것이다. 다행히 도록은 책상 위, 다른 책들 사이에서 발견.

미술관에 간 건 반짝 행운이었다. 와세다대학 내의 하루키 라이브러리에 가려고 전철을 탔는데 며느리가 인터넷 검색으로 같은 역, 신주쿠 가까이에 있는 SOMPO에서 반 고흐 특별전이 열리고 있음을 알아냈다. 마침 읽을거리로 가져간 책이 『빈센트 반 고흐, 영혼의 그림과 편지들』(이승재 옮김, 더모던, 2023)인지라 내가 우연일까, 운명일까, 해가며 설렌 건 당연한 일. 잠깐의 의논 뒤 우선순위를 정했다. SOMPO에 가서 〈해바라기〉를 보고 시간이 되면 라이브러리에 가기로. 결국 라이브러리에는 가지 못했다.

노란색 화면을 배경으로 찌를 듯 싱싱하게 어우러진 파란 아이리스들. 붓 길 결결 깊은 색감이 우러나며 붓 자국 면면 빛깔이 튕겨 오르는 표지를 쓰다듬다 책장을 넘긴다. 이윽고 나타난 노란 바탕 속 노란 화병의 〈해바라기〉. 전시장에서 직접 본 〈해바라기〉는 그 붓 터치가 생각보다 거칠지 않았다. 고갱의 표현처럼 물감 범벅도 아니었다.

 스마트폰을 집어 '부야베스'를 검색한다. 도록의 설명에 의하면, 고흐는 이 〈해바라기〉를 그리며 동생 테오에게 '마르세유 사람이 부야베스를 먹을 때처럼 열정적으로 큼지막한 해바라기를 그리고 있다'고 편지에 썼단다. 답은 샤프란을 넣은 어패류 수프. 빨갛지만 맵지는 않을 그 맛을 상상하는데 불쑥, 도록에 일본어로 적힌 정물静物이라는 말이, 영어로 쓰인 스틸 라이프 still life라는 단어가, 낯설게 느껴진다. 식물은 언제 죽는 걸까, 의아해지면서 문득 어머님의 모습이…….

 하루의 대부분을 누워 지내던 어머님이셨다. 외출이라곤 일주일에 한 번 교회에 가는 게 다였다. 그마저도 내가 식구로 합류하고 몇 년 후부턴 그만두셨다. 겉으로는 알 수 없는 병이었다. 훤칠한 체격과 압도적인 아름다움이 병증을 가렸다. 그뿐인가, 어머니는 눈이 마주칠 때마다 웃으셨다, 하얀 피부를 돋보이게 하는 그 크고 검은 눈으로.

들어가며

그래서이지 싶다. 어쩌다 놀러 온 친구들이 고개 갸웃하며 '너희 어머니, 너보다도 좋아 보이시는데 편찮으신 거 정말 맞아?' 했던 것.

고흐의 〈해바라기〉에 어머님의 모습이 얹힌다. 뿌리와 단절된 채로도 살아 있고 시들어 가면서도 꽃 피우며 셀 수 없을 만큼의 씨앗을 품고 있는……. 어머니는 만나는 사람이 없었다. 찾아오는 사람도 없었다. 대화 상대는 당신의 딸인 내 시누이 한 사람. 아버님은 어머니의 말이 길어지면 이어폰을 찾았다. 아들은 대부분의 시간 집에 없었다. 나는? 서툴거나 말거나 온전히 내 몫이 된 살림만으로도 나가떨어졌다.

어머니는 그 많은 시간, 누워서 무얼 생각하셨을까? 짐작조차 할 수 없는 혼자만의 대화가 미안하고 씨앗만큼이나 단단해졌을 혼자의 상념이 안타까워 슬그머니 도록을 덮어 내려놓는다. 울울해져 손끝으로 괜한 동그라미를 그리는데 갑자기 어이없어진다. 우연이네 운명이네, 그렇게나 호들갑 떨더니 그대로 되가져오지 않았는가. 당장 『빈센트 반 고흐, 영혼의 그림과 편지들』을 찾아 책장을 연다. 몇 페이지 읽지 않아 슬쩍 놀란다.

인간은 누구나 가끔은 멍한 순간을 겪는다. 그런데 간

혹 남들보다 더 멍하게, 더 깊은 몽상에 빠지는 사람이 있어. 내가 그래. 내 잘못이지. …… 결이 다르게 게으른 사람은 어쩔 수 없이 게으른 거야. 속으로는 무언가를 하고 싶은 욕구가 타들어 가는 데도 아무것도 하지 않는 사람이야. …… 사람들은 이따금 뭔지 모르지만 끔찍하고 소름 끼치고 아주 흉측한 감옥 같은 곳에 갇혀서 아무것도 할 수 없을 때가 있어.

멍한 순간이니 깊은 몽상이니 흉측한 감옥이란 단어가 의문을 일으킨다. 어머님도 고흐처럼, 뭔지 모르지만 끔찍하고 소름 끼치고 아주 흉측한 감옥에 갇혔던 걸까? 그래서 아무것도 할 수 없었던 걸까? 문득, 센트럴파크 동물원의 보호망 속 플라코에 나를 견줬던 게 생각난다. 그런 식이라면 어머니는 좁디좁은 조롱 속 새였으리라. '이 멍청이들아, 내겐 없는 게 없다고! 다만 부디, 자비를 베풀어서 다른 새들처럼 날 수 있는 자유를 달라고!'라 외치는 '결 다른 게으름뱅이' 새.

크게 심호흡하며 페이지를 넘긴다. 몇 장을 넘기지 않아 또다시 끼쳐 든 또 다른 심쿵!

타라스콩이나 루앙에 가려고 기차를 타듯, 우리는 별

에 가기 위해 죽음을 택하는 걸지도 몰라.

 증기선이나 승합 마차, 기차 등이 지상의 교통수단이듯, 콜레라나 신장 결석, 폐병, 암 등이 천상의 교통수단이란다. 나이 들어 조용히 죽는 건 걸어서 천상으로 가는 방법이고. 그렇다면 어머니는 구급차를 타고 별에 가신 걸까? 뻥뽕뻥뽕 큰소리 울리며, 그리도 급하게?
 그날, 어머님은 삼키지 않았다. 떡을 계속 입에 넣기만 할 뿐 씹지도 않았다. '어멈아, 큰일 났다'는 외침을 듣고 달려간 건 아버님이 쓰러진 어머니의 상반신을 일으켜 안은 채 입에서 손가락으로 떡을 파내고 있을 때였다. 병원에 간 어머님은 의식 없이 9일 만에 돌아가셨다. 무성영화 같은 나날이었다. 너무도 극적인 그러나 조용한 죽음이었다.

 작업실을 나서 본채의 내 방으로 간다. 수도꼭지를 오른쪽으로 완전히 돌려 물을 내리며 이를 닦는다. 굽이굽이 먼 길을 돌아 당도한 온수가 거울을 하얗게 바탕칠해 가고 있다. 머리칼을 잡아맨 핀을 떼어내다 손끝으로 거울을 훔친다. 손가락이 쓸고 간 자리가 거친 붓 터치 같다. 눈도 깜박이지 않고 정면 응시하는 내가 정물 같다. 손바닥으로 거울을 쓱쓱 문질러버린다. 사라지기는커녕 더 선명해지는 얼굴······.

갇히고 싶었는지도 모른다, 새장 안에. 사랑과 관심과 안전이 보장된 곳 같았으니까. 뽐내고 싶었는지도 모른다, 사랑과 봉사의 날개를 단 나이팅게일인 양. 젊은 나의 짧은 경험과 가난한 사고思考에는 노이로제와 불면증을 오래 앓은 환자의 심리가 들어 있지 않았다. 집에 혼자만 있는 걸 견디지 못해 며느리의 외출을 간섭하고 통제하고 들어올 때까지 문만 쳐다보며 기다리는 시어머니의 의식 상태가.

후회든 회한이든 부질없는 일이리라. 조롱이든 보호망이든, 따져 뭐 하리. 중요한 건 현재의 나이고 지금의 인식이겠다. 나는 어디서 무얼 하고 있는 걸까?'

그림을 그리고 있지 싶다. 작은 작업실에 스스로 갇힌 채, 정물 같았던 내 인생을 꽃인 양 과일인 양 화병인 양 되돌아보며 스틸 라이프를 그리고 있지 싶다. 손끝으로 문자를 두드리며 때로는 붓에 물감을 묻혀가며.

차례

작가의 말 • 5
들어가며 스틸 라이프 • 9

1부 사람은, 이렇게 자꾸 사람이 되는 걸까

말馬의 말言 • 22
논픽션 • 28
벽, 담, 문 • 34
사람은, 이렇게 자꾸 사람이 되는 걸까 • 41
부인과 어머니 • 51
시금치의 마음 • 57
창틀에 앉아 바깥 풍경 바라보기 • 63
옥자의 이웃 • 69
가장 버리고 싶은 것 • 78

2부 빛 면에 발 넣기

제주는 지금 온통 노랑 • 84

먹는다는 것 • 90

사진과 글 • 96

찐달이는 이제 어쩌라고 • 102

이름에 대하여 • 109

정말로 이렇게 보이시나요? • 116

뱀장어의 시간 • 121

빛 면에 발 넣기 • 127

동네 여행 • 135

3부 우리가 선택한 기억

벗은 몸 입기 • 142

무기를 씻다 • 148

우리가 선택한 기억 • 154

좋은 시체 • 165

징조 읽기 • 171

새꿈 • 178

사치와 허영과 아름다움 • 184

무의미하고 하찮기에 우리 • 190

잃어버린 장면을 찾아서 • 197

4부 서사敍事에 대한 서사

작업실에서 • 204

담장과 반지하 • 210
마당의 야생 • 216
문門꿈 꾸고 쓰는 글文 • 223
천사의 뒷담화 • 229
죽는 신神 • 233
서사敍事에 대한 서사 • 240
그 많던 자개장은 어디로 갔을까 • 247
물고기는 없다 • 253

5부 말의 씨

어느 날 밤 • 260
꽃 • 265
가시 • 271
주인은 누구? • 275
일주도로 걷기 • 281
차귀遮歸 • 288
내 얼굴 만들기 • 294
말의 씨 • 301
노트북과 커피와 비스킷 • 309

나가며 꿈꾸는 카멜레온 • 314

말馬의 말言

 가시리로 유채꽃 나들이 왔다. 이 계절, 이 노란 꽃은 제주 어디에나, 우리 동네에도 흔하게 핀다. 그럼에도 이곳 가시리가 특별한 것은 넓어도 너무 넓은 장소에 많아도 너무 많은 꽃이 모여 있다는 것. 사방 천지의 너무 노랑이 나를 달뜨게 한 걸까. 평소엔 귀찮게만 여겨지던 남편의 모델 노릇이 즐겁기까지 하다. 노랑에 나를 끼워놓고 노랑에 파묻혀 셔터를 눌러대던 남편도 꽤나 신이 나는지 급제안을 한다. 벚꽃과 어우러진 유채도 카메라에 담고 싶다며 방금 지나쳐 온 녹산로로 되돌아가자는 것이다.
 실은 가시리에 오면서 내겐 딴 속셈이 있었다. 어젯밤, 김훈의 장편소설(『달 너머로 달리는 말』, 파람북, 2020)을 읽기 시작하며 일으킨 갑작스러운 꿍꿍이로 말을 가까이서 보고 싶었던 것. 소설 속 두 말馬, 토하吐霞와 야백夜白이 만들어 가는 아름답고 끈끈하고 놀랍고 안타까운 이야기에 반하면서 솟구쳐 낸 바람이었다. 결국 남편은 '혼자 자유롭게'라는 말로 포장한 내 완곡한 사양을 받아들여 홀로 주차장으로 가고, 나는 말을 천천히 맘껏 보기 위해 길을 건넌다.

말馬 체험장 입구의 먹이 주기 코너에 멋진 말이 나와 있다. 전체적인 색깔은 밤색인데 무릎관절 높이까지 기다랗게 내려온 목의 갈기가 미색이다. 네 다리는 하얗다. 다가가 옆에 서서 가운데가 길게 하얀 말의 콧잔등을 슬쩍 만져 본다. 이마를 덮은 까만 머리털도 조심스레 쓰다듬어 본다. 내 손길을 순순히 받아주는 덩치 큰 짐승이라니……. 녀석의 새까만 눈동자에는 거울처럼 내 모습이 고스란히 비치고 있다.

말의 왼쪽에서 오른쪽으로 자리를 옮겨 본다. 오른쪽 눈이 심하게 상해 있다! 눈동자에 반투명한 무언가가 덮여 있는 거다. 왼쪽에서는, 정면에서조차, 알 수 없었던 일이다. '말들은 두 눈 사이가 멀고 제각기 다른 쪽으로 열려 있어 머리를 돌리지 않아도 밤하늘이 한꺼번에 보였다'는 김훈의 문장이 새삼 감탄스럽다. 다시 자리를 옮겨 처음 자리로 돌아온다. 다친 눈이 보기 싫어서는 아니다. 말이 눈에 들어오지 않는 나를 불안해 할 것 같아서다. 말은 여전히 다소곳하다.

점점 내 손길이 대담해진다. 미색 갈기도 스쳐보고 눈밑의 밤색 뺨도 어루만져 본다. 그러다 재갈에도 슬쩍 손대보고. '이빨은 없고 잇몸만 있는 그 작은 자리가 사람과 말이 만나는 자리'라고 한, 또 '말로 태어난 운명을 혓바닥으로 느꼈다'는, 소설의 문장을 떠올리면서다.

문득, 그럴 수도 있겠구나 싶어진다. 재갈과 고삐, 허벅지의 조임 같은 신체접촉으로 사람과 소통하는 말馬은 그런 매개체 없이 직접 소리(말)나 표정으로 뜻을 통하는 개나 고양이와는 많은 점이 다르겠구나…….

제주에 사는 덕에 말을 쉽게 만난다. 가까이 집 아래 도로에만 나가도 저만치 숲 그늘에 홀로 선 갈색 말을 볼 수 있다. 그런데 녀석, 참 뚝뚝이다. 개나 고양이는 내가 인사를 하면 멍멍 짖으며 꼬리를 치거나 야옹 울며 몸을 비비는 등 화답을 하는데, 심지어 까치나 꿩마저 내가 다가가면 괴상한 소리를 지르며 날아오를지언정 반응을 보이는데, 녀석은 전혀 아는 척을 하지 않는다. 하기는 모르쇠 대는 건 녀석만이 아니다. 열이면 아홉, 내가 만난 말은 대개가 다 그랬다. 덕분에 무지 놀란 적도 있다. 문도지오름에 올라 식사 중인 말무리를 향해 맘껏 아는 척하다 한 녀석에게 버선발로 달려오는 대환영을 받은 거였다.

 그런데 이제 어렴풋이 알겠다. 녀석들, 나를 모른척한 게 아니라 한꺼번에 많은 것을 보는 눈으로 이미 내게 아는 척했던 것임을. 큰 소리로 부르는 것은 녀석에게 그다지 와 닿지 않는 인사였음을…….

 썰물시간에 맞춰 광치기 해변으로 이동한다. 남편이 해초로 초록 물드는 이 계절의 너럭바위들을 사진에 담고 싶어 해서다. 해변을 향해 가는 남편에게 손 인사하며 올레 스탬프 박스 근처의 돌 위에 앉는다. 이제부터 마음껏 소설을 읽을 참이다.

 막 책을 펼쳐 읽는데 내 옆으로 검은 말이, 이어서 꼬리와 갈기만 갈색인 하얀 말이 지나간다. 등에 어린 손님을 태운 두 말 뒤로는 유난히 긴 다리가 돋보이는 아기 말이 종종걸음으로 따라오고 있다. 꼬리와 갈기만 갈색인 게 하얀 말의 새끼 같다. 손님을 내려주고 말들이 쉬고 있을 때 말 주인인 듯한 아저씨에게 물어본다.

 "아저씨, 저 아기 말 태어난 지 얼마나 됐어요?"

 아저씨가 귀찮다는 듯 손가락 4개를 치켜든다.

 "아, 4개월이요?"

 아저씨가 고개를 저으며 다시 손가락 4개를 치켜든다.

"어머! 4주요?"

아저씨가 고개를 더욱 크게 저으며 다시 손가락 4개를 치켜든다.

"설마! 4일이요?"

아저씨가 답답하다는 듯 눈에 힘을 주며 말한다.

"4개월이면 다 큰 거예요, 말은."

화들짝 놀라며 내가 묻는다.

"저 아기 말, 그럼 엄마랑 언제 헤어져요?"

아저씨가 말한다. 말은 태어나고 2개월이면 어미와 헤어져요, 라고.

얼떨떨하다. 아기 낳고 3일 만에 다시 바다에 들어갔다는 한 해녀분의 이야기를 떠올리며 허탈한 마음으로 자리에 앉아 다시 책을 펼친다. 곧 내 눈이 크게 뜨인다.

> 사람 사는 마을의 똥거름 냄새와 사과꽃 피는 언덕의 바람과 봄볕에 부푼 흙의 향기에 콧구멍을 벌름거릴 때, 야백은 재갈을 물고 사람의 마을에서 삶의 땀을 대신 흘리는 수고를 아름답게 여겼다.

'삶의 땀을 대신 흘리는 수고'라는 말과 '그 수고를 아름답게 여겼다'는 말이 마음을 깊이 울린다. 그러고 보니 조금 전 어미 말의 눈은 누구를 탓하기에는 너무도 평온하고 유순했다. 뒤쫓는 아기 말의 태도도 그렇고. 조금은 자랑스레 말씀하시던 그때 해녀분의 표정 또한.

  부리는 사람을 엄혹하게 주시하던 시선을 거두어 다른 삶에 봉사하는, 그 수고를 아름답게 여기는, 마음을 바라본다. 바다로 내몰린 갓 출산한 몸에 쏠리던 감상을 돌이켜 가족을 향한 깊은 사랑과 헌신을 짐작해 본다. 고귀한 마음이다, 말은 물론 사람도 쉽게 가질 수 없는 고상한 마음……. 그런 소중한 마음이 책册에서, 말馬과 사람에게서 흘러나와 내 가슴을 흠뻑 적시고 있다.

논픽션

컵에 가루 커피 두 봉을 털어 넣고 뜨거운 물을 조금 붓는다. 그 위에 아이스크림을 한 숟가락 크게 떠서 올린다. 흠……, 보기에 제법 그럴듯하다. 컵을 들고 책상으로 간다. 빙글빙글 의자를 돌리며 가짜 에스프레소 콘파냐를 마신다. 어쩌면 짝퉁 아인슈페너인지도 모르겠다. 카페에 가 본 게 언젠지 모르겠다. 잠깐 들러 테이크아웃 한 적은 있지만 말이다.

이런, 내가 지금 무슨 말을!

생각해 보니 어제 카페에 갔었다. L 선생님이 운영하는. 그것도 H와 J 선생님과 함께. 참으로 우스운 나이지 않은가. 멀지도 않은 바로 어제, 카페에서 동지들을 만나 3시간

이상을 떠들다 와놓고는 코로나19를 탓해가며 카페를 그리워하고 있다. L 선생님의 환대가 집에서처럼 너그럽고 편했기 때문일까? 우리 외에는 아무도 없는 공간에서 공짜 차를 마셔서?

어제 모임은 조촐하나 알찬 출판기념회였다. 얼마 전 첫 책을 출간한 J 선생님을 축하하는 분위기가 카페 안에 풍성했다. 가장 인상에 남는 건 수필 낭송.「진달래」가 정말 좋았다는 내 말에 L 선생님이 한번 읽어봐 달라고 하면서 시작됐는데, 각자 감명 깊었던 작품을 사이사이 소개하고 낭독하는 형식으로 이야기는 이어졌다.

불쑥, 어제 일을 수필로 써 봐도 좋겠다는 생각이 머리를 스친다. 그런데 이런 사적인 이야기, 글로 써도 되는 걸까?

얼마 전 〈논픽션〉(감독 올리비에 아사야스, 2019년)이라는 영화를 봤다. 작가와 성공한 편집장, 스타 배우, 정치인 비서 등이 주고받는 지적대화가 장면마다 흥미로운 영화였다. 그중에서도 내가 가장 충격을 받은 건 새 책을 낸 작가 레오나르가 독자들과 인터뷰하는 모습이었다. 독자가 레오나르에게 묻는다, '실존 인물을 모델로 쓸 권리가 작가에게 있느냐'고, '당신의 전처 솔랑주가 강간당한 심정이라는 글을 블로그에 올렸다'며……. 레오나르는 '모든 소설은 자전적'이라며, '둘 사이에 해묵은 과거가 있어 전처가 자신을 괴롭히는 것'이라고 답한다. 독자는 '당신 소설도 보복이냐' 묻는다. 레오나르는 '아니'라고 답한다. '개인의 고유한 이미지는 본인의 소유'라며 사회자가 끼어든다. 독자도 덧붙인다. '돈벌이도 그러하니 남의 인생을 써먹으려면 돈을 내야 한다'고. 레오나르가 살짝 격앙해 말한다.

> 네, 하지만 내 인생은 나와 타인들의 관계예요. 주관적인 거고요. 난 내 인생을 쓸 권리가 없나요?

에밀 졸라와 세잔의 우정을 그린 영화 〈나의 위대한 친구, 세잔〉(감독 다니엘르 톰슨, 2016년)에도 개인의 고유성이 문제가 되는 장면이 있다. 에밀의 새 소설 『작품』에 묘사된 세상사에는 무관심한 재능 없는 작가, 결국 자살로 생을 마감하는 인물이 자신임을 안 세잔이 그 오랜 우정을 던져버릴 만큼 분개한 거였다.

다른 사람의 글에서 나를 발견하는 순간을 상상해 본다. 그것도 조금만 관심을 기울이면 누구인지 알 수 있게 구체적으로 묘사된. 거북할 것 같다. 굳이 치부가 아니라도 내 말과 내 행동이 누군가 타인의 방식, 타인의 어법으로 공개되는 건 아무래도 불편하다. 쉽지 않은 문제다. 〈논픽션〉에서 작가의 아내가 말했듯 경험 없이는 구체적이고 감각적인 표현을 해내기 어렵기 때문이다. 동시에 내가 논픽션을 쓰는 사람이기 때문이다. 사실을 다루는 수필은 허구라는 방패 뒤에 숨을 수도 없지 않은가.

두 영화에서만큼은 아니지만 나도 첫 책을 내고 싫은 소리를 들은 적 있다. 처음엔 분명 언니도 좋아했었다. 책을 읽고 감동했다는 이웃 누군가로부터 밥을 거하게 얻어먹었다며 자랑스러워하기도 했다. 생각의 더께가 사달이었을까. 언니가 창피했다고 말한 건 1년도 더 지나, 다른 일로 소원해졌을 때였다. 조카를 병문안하는 이야기가 걸림돌이었다. '부모에게 받은 상처'란 말이 언니를 불쾌하게 한 거였다. 이후, 다른 사람의 이야기는 될 수 있으면 쓰지 않는다. 덕분에 내 글에 가장 많이 등장하는 사람은, 그러니까 수난을 가장 빈번히 당하는 사람은 남편이다. 가끔은 아들들이고.

그렇다고 다른 사람을 전혀 언급하지 않는 건 아니다. 앞서 레오나르가 말했듯, 내가 경험한 사건들 대부분이 나와 타인들과의 관계에서 일어난 것이기 때문이다. 그러니까 그 타인이 가족일 수만은 없다는 말씀. 또 나는 나를 쓰는 것인데 그것이 간혹 다른 사람을 침범하기도 한다는 말씀. 조카 이야기가 그랬듯 말이다. 내 글이 주로 경험에서 얼은 작고 시시한 것들을 소재 삼아서 더 그럴 것이다. 그 사소한 것에서 시작한 엉뚱한 연상이 보다 큰 비중을 차지하는 건 그나마 다행이겠다.

연상이라는 단어가 슬그머니 어제의 장면을 떠올린다. J 선생님의 작가의 말 중 '슬픔이 없는 글은 글도 아니다'라는 문장이 화제가 되어 이야기를 나눌 때였다. H가 작심하듯 말했다.

"저는 글만큼은 유쾌하고 즐겁게 쓰고 싶어요, 제 형편이 아무리 힘들고 비참해도요."

돌이켜보니 정말 그랬다. 그녀가 얼마 전 발간한 산문집은 그녀가 풋내기 새댁 시절 운영한 조그만 선물의 집을 중심으로 펼쳐지는 일들을 쓴 건데, 그 경제적 어려움에도 불구하고 분위기가 시종 발랄하고 훈훈했다. H의 말이 이어졌다.

"제 젊음은 어려워도 어려움을 느끼지 못할 정도로 예뻤거든요. 미래 걱정이 끼어들 틈 없이 너그럽기도 했고요."

이번엔 내 차례라는 듯 한층 밝아진 얼굴들이 나를 향했다. 내가 말했다.

"저는 심각한 게 딱 질색이에요. 어떤 이야기든 저는 가볍게 쓰고 싶어요, 새털처럼, 구름처럼."

"선생님 글이 가볍다고요?"

뜻밖이라는 듯 휘둥그레진 여섯 개의 눈동자에 되레 놀란 내가 황급히 덧붙였다.

"결과와 상관없이요, 가볍고 싶은 게 제 맘이라는 거지요. 하하."

고개를 저으며 가짜 콘파냐를 입으로 가져간다. '내가 아니, 내 글이 그렇게나 무거웠나' 반성하며 짝퉁 아인슈페너를 마신다. 그런데 이거, 정말 맛있지 않은가! 컵을 들어 마지막 한 방울까지 털어 마시고 씩씩하게 부엌을 향한다. 물론 한 잔 더 만들어 먹고 싶어서다.

물을 끓이며 냉동실에서 아이스크림을 꺼낸다. 뜬금없이 픽션이 픽션이 아니고 논픽션도 논픽션이 아니라는 생각이 머리를 때린다. 픽션도 가짜 픽션이고 논픽션도 짝퉁 논픽션이라는 생각이······. 내가 상상입네, 공상입네, 떠올리는 것들도 따라가 보면 실재에 그 뿌리를 내리고 있어서다. 내가 실재라고 기억하는 것들도 마냥 사실만이 아니어서. 그뿐이랴, 심지어 이제는 나의 어떤 모습이 진짜이고 짝퉁인지 내 스스로 헛갈린다. 지금만 해도 어제의 진하고 쓴 커피에 황홀해하던 내 모습을 픽션처럼 떠올리며 부드럽고 달콤한 논픽션 커피를 만들려 아이스크림 통을 박박 긁고 있지 않은가.

벽, 담, 문

 집 앞 공터가 부산하다. 집을 짓고 있어서다. 이즈음 제주에서는 레미콘 회사들이 파업을 해 콘크리트 타설을 할 수 없다. 그래서일까? 마냥 기다릴 수는 없어 할 수 있는 일부터 하려는 걸까? 내 눈엔 앞 공터의 집 짓는 모습이 의아하다. 기초 놓는데 필요한 장비들은 한쪽에 모아둔 채 돌담부터 올리고 있지 않은가. 사면을 쌓을 셈은 아닌지 2층 서재에서 봤을 때 왼쪽 면과 정면, 두 면만 분주하다. 안타까운 것은 아무리 봐도, 돌담이 기울어진 채 올라가고 있다는 것. 원 마을에서 바다 쪽으로 서서히 지대가 낮아지는데 담을 지면에 수평 되게 쌓고 있는 거다. 그것도 두부모를 자른 듯 깔끔하고 단정하고 예쁘게. 위에서 보면 기울어진 게

확연한데 밑에서는 그렇지 않은가 보다.

　제주는 어디를 가나 돌담 천지다. 밭의 경계에 쌓은 밭담부터 집 주위를 두른 울담, 목축장의 잣담, 바닷속 원담, 무덤가 산담, 적을 방어하기 위한 성담까지. 우리 집만 해도 길에 면한 부엌 쪽 담은 외담으로, 이웃집에 면한 다른 세 면의 담은 겹담으로 쌓았다. 외담은 말 그대로 돌들을 크기나 모양에 상관없이 외줄로 쌓아 올린 담이고 겹담은 안팎 두 줄을 큰 돌로 쌓고 그 사이에 잡석을 채워 넣은 담이다.

　지금 아래층 부엌에는 돌담을 통해 햇살이 쏟아져 들고 있을 것이다. 외담으로 쌓아 여기저기 틈새가 있어서다. 돌담의 구멍은 이런저런 것들이 드나드는 통로다. 햇살이 비쳐들고 스쳐 지나가는 누군가의 모습이 어른어른 깃든다. 들릴락 말락 이야기도 끼어들고 야오옹 고양이 울음도 스민다. 밤에는 반대다. 부엌의 등잔 불빛과 된장찌개 냄새가 또 설거지 소리까지 새어 나간다. 다른 건 몰라도 돌담만큼은 자랑할 만하지 싶다. 우연히 지나가는 밤길 누군가에게 깜짝, 길에 뜬 별을 선물할 수 있어서다.

　자전거를 끌고 나간다. 삐뚤빼뚤, 삐뚤빼뚤……. 살짝 오르막길인데도 서툴러서인지 바퀴 굴리기가 쉽지 않다. 오르막을 벗어나 평지로 들어선다. 얼굴에 부딪는 바람이 무척이나 시원하다. 모자챙이 뒤로 꺾이며 민낯이 바람과 햇살을 만난다. 표정은 절로 찡그려지는데 속에서는 웃음이 나온다. 오름쪽 도로로 달려 나간다. 저류지를 한 바퀴 크게 돌고 밭담 사이로 해서 마을 길 쪽으로 방향을 잡는다.

비트의 집에서는 잠깐 멈춘다. 왼쪽 눈 주위에 검은 얼룩을 가진 강아지, 비트와 아는 척도 할 겸 제주돌을 중간중간 집어넣어 시멘트로 마감한 그 집 벽을 감상하고 싶어서다. 사실 이런 방식의 벽은 제주에 흔하다. 현무암의 노출 정도와 면 마무리에 따라 그 느낌은 제각각 다르겠다.

제주에는 특이한 벽이 참 많다. 틈새 없이 쐐기꼴 현무암 조각을 붙인 벽은 제법 많고 집에서 가까운 협재에는 전면을 하얀 소라 껍데기로 붙인 벽도 있다. 그 많은 소라를 어떻게 모았는지 아니, 그 하나하나를 어떻게 줄 맞춰 붙였는지 그 수고가 정말이지 감탄스럽다. 하긴 멀리 갈 것도 없다. 앞집 벽엔 아기 얼굴만 한 몽돌이 물방울무늬인 양 붙어있지 않은가. 전 주인이 몽돌을 좋아해, 무게 꽤나 나갔을 그 둥근 돌들을 육지로부터 가져왔다고 들었다. 제주의 벽은 색에서도 자유롭다. 노랑이나 파랑은 그나마 흔하고 공항 가는 길에는 밝은 분홍으로 칠한 벽도 있다. 그럼에도 지금껏 본 벽 중 으뜸은 단연 우리 집 놀담을 쌓아준 사장님 댁 벽이다. 처음 댁을 찾아갔을 때 깜짝 놀랐다. 사방 벽이 예술품 아니, 회화작품이었다. 때로는 부드러운 선으로 때로는 날카로운 선으로 구분된 거대한 구성 작품……

"제 집이라 신경 좀 썼지요."

뒤돌아 계면쩍은 표정으로 얼굴 붉히는 사장님을 바라보면서도 나는 입을 다물 수 없었다. 구멍을 가진 검은색 돌, 현무암이 이렇게나 다양한 톤과 질감을 가지고 있다니! 다시 돌아본 벽은 아니, 벽화는 비양도로 내려앉는 석양빛 속에서 그 색의 깊이를 점점 더해가고 있었다.

어느새 집 근처다. 그냥 집 쪽으로 바퀴를 굴린다, 처음 자전거로 집을 나설 때는 들어가다 앞집 터에 들러 담이 기울어진 것 같다고 말해줄까, 싶었는데. 이미 늦었는지도 모른다. 다른 계획이나 제주만의 특별한 관습이 있는지도 알 수 없다.

자전거를 대문에 기대 놓는다. 평소 여닫을 일이 없어 문보다는 벽 장식으로 쓰이는 말뿐인 문이다. 제주에 와서 생소한 것 중 하나가 미닫이문이었다. 빵집 문도, 식당 문도, 교회의 현관문도 어떻게 된 게 모두 옆으로 밀어 열게 되어 있었다. 나중에 알았지만 바람 때문이었다. 제주는 바람이 거센데 그 센 바람이 여닫이문은 맘대로 여닫아도 미닫이문만큼은 어쩌지 못하기 때문. 제주 실정을 모르고 현관문을 여닫이로 만든 우리 집의 경우, 태풍이 부는 날은 마당으로 나갈 엄두를 못 낸다. 위험해서이기도 하지만 물리적으로 현관문을 열 수 없어서다. 어찌어찌 현관문을 열었다면 다시 닫기가 힘들다. 그러니 거의 쓰임도 없는 대문이 미닫이인 건 멋 부리다 우연히 잘한 일.

생각난 김에 오랜만에 대문을 닫아 본다. 여기저기 나뭇결이 일어나고 빛까지 바랜 문살 밑으로 먼지가 제법 쌓여 있다. 바니시를 칠해야 하려나, 생각하며 문을 다시 제 자리로 민다. 문이 벽에 포개어지면서 수평의 나무 빗살 장식이 된다. 그러니까 문이 벽이 된 상황······.

정호승 시인의 「모든 벽은 문이다」(『당신이 없으면 내가 없습니다』, 해냄, 2014)를 읽은 적 있다. 선언하듯 '모든 벽은 문이다. 벽은 문을 만들기 위해 존재한다, 벽 없이 문은 존재할 수 없다'는 문장으로 끝나는 산문.

평소 '제일'이나 '최고' 같은 단어, 잘 사용하지 않는다. 줄 세울 수 없는 것들을 줄 세우는 느낌이 들어서다. '언제나'나 '절대'라는 말도 별로다. 이해나 용서의 여지가 없어 보여서다. 그래서일까, 산문을 읽으며 시인에게 어기댔었다. 벽 앞에 붙은 '모든' 때문이었다. 과연 '모든' 벽이 문이

될까, 간혹 문이 되는 벽도 있는 건 아닐까, 하며.

시인의 벽이 인생의 벽을 말함은, 살아가면서 만나는 극복하기 어려운 한계나 장애 혹은 관계나 교류의 단절을 은유하는 것임은 나도 알고 있었다. 그렇다 해도 벽이 그러니까 한계나 장애나 단절이, '모든'이라는 융통성 없는 단어로 수식해야 할 만큼 절대 부정적인 것인가에는 동의할 수 없었다. 때로는 자신을 살펴 벽을 벽으로 받아들이는 것이, 용기 있는 일이지 싶었다. 희망하고 노력하는 것만이 항상 선이고 좌절하고 포기하는 것이 언제나 악인 건 아니지 않을까, 하며…….

시인이 산문 속에서 말한 '벽 속에 있는 문을 보는 눈'은 나도 갖고 싶었다. '그 눈만 있으면 누구의 벽이든 문이 된다'는 말에는 앞에서와 같은 이유로 그러니까 '만' 때문에 동의할 수 없었지만. 내 경우, 벽이 문으로 바뀐 기적들에는 사람의 영역을 넘어선 그 무엇이 끼어들었던 것 같아서였다. 시간(자연)이라든가 은혜(신)라든가…….

부엌을 통해 2층으로 올라간다. 가족사진이 걸린 벽을 지나 작업 중인 캔버스를 기대 놓은 벽을 지나 공터가 내려다보이는 서재의 유리 벽 앞에 선다. 모든 벽이 문이면 사진이나 그림 걸 곳도 없겠구나, 하는 엉뚱한 생각을 하면서다. 공터의 아저씨들은 여전히 분주하다. 담쌓기는 일단 끝내기로 했는지 남은 돌들을 정리하고 있다. 나도 물러나 책상 위에 놓아둔 컵에 물을 따른다. 담이 기운 이유가 혹시 실수나 부주의 때문이면 나중에 다시 고쳐 쌓으면 되지, 혼잣말하면서다.

사람은, 이렇게 자꾸
사람이 되는 걸까

  옷을 정리하다 불쑥, 사람이 그립다는 생각을 한다. 코로나19 이후 사람들을 거의 만나지 못했다. 마포집에 가본 지도 벌써 4개월, 미용실에 가지 못해 짧았던 커트 머리가 들쭉날쭉 단발머리가 되었다. 동네 이웃과도 만나기가 조심스럽다. 원래도 왕래가 많은 건 아니지만 나는 서울을 오가는 사람, 주민 대다수가 노인인 마을에 바이러스를 옮길까 두려워하는 것이다.

  그립다, 생각해서인지 점점 더 그립다. 이제는 아예 사람 붐비던 분위기까지 그립다. 노트북 키보드를 두드리다 말고 문득 귀 기울이던 카페의 두런두런이나 앞 사람에게 동석 양해를 구한 뒤 의자를 끌어내 앉던 음식점의 뒤숭숭한 혼잡, 바닥에 누워 있는 옷까지 들쳐내 몸에 대보던 백화점 매대 앞에서의 어수선 같은. 그래도 제일 그리운 건 거리낌 없이 이야기를 주고받을 수 있는 사람이다.

그런데 엉터리이지 않은가, 사람이 그립다니. 남편과 시아버님을 바싹 옆에 두고, 그것도 시끌벅적 사람들을 만나 번잡해지는 것보다 내 집 내 방구석에 박혀 차분히 하고 싶은 거 하는 게 제일이다, 노래를 부르던 사람이.

추려놓은 옷을 쇼핑백에 담으며 머리를 흔든다. 내가 이상해진 것 같다. 허구한 날 같은 사람을 상대로 이날이 그날인 양 시간을 보내더니 내가 생각해도 내가 수상해졌다. 아무래도 오늘은 동네라도 한 바퀴 돌아봐야 할 성싶다. 의류 수거함에 옷도 넣을 겸 중동, 상동의 올레를 걷다 보면 집 울타리들이 낮으니 마당이나 텃밭에서 일하고 있는 사람과 인사 정도는 나눌 수 있을 게다.

저 멀리 마당에서 뭔가를 하는 친구의 모습이 보인다. 나보다 조금 늦게 서울에서 이사 온, 그나마 나이 차가 별로 없는 같은 교회 교인이다. 그런데 친구라니? 어쩌면 아는 사람이라 하는 편이 정확한지도 모르겠다. 그녀와 알고 지낸 지는 1년이 넘었지만, 만난 횟수가 그리 많지 않아서다. 주고받은 이야기란 것도 주로 교회 일이나 가족의 안부 등 그녀나 나 자신 게 아니었기 때문이다. 그러고 보니 지금 그녀를 보는 것도 4개월 만이지 싶다. 코로나19가 발생하기 전, 그녀의 딸이 미국에서 온다며 한 달 정도 서울에 가 있을 거라고 한 뒤 계속 못 만났으니까.

그녀의 적갈색 푸들이 나를 향해 겅중겅중 뛰어오른다. 언젠가 한 번 봤을 뿐인데 꼬리를 흔들며 법석을 피운다. 혹시 녀석도 나만큼이나 사람이 그리웠던 건 아닐까? 반갑고 기특한 마음에 녀석을 향해 장난치듯 뛰어간다. 그녀도 나를 봤는지 허리를 펴고 내 쪽을 향해 손을 흔든다. 커다란 수건을 모자 위에 히잡처럼 얹어 쓰고 손에는 호미를 들고 있다.

마스크를 걸친 채 그녀가 묻는다, 웬일이냐며, 자신은 잔디 사이에 돋은 잡초를 뽑고 있었다며. 마스크를 덮어쓴 내가 대답한다, 산책 중이라고, 우연히 얼굴이라도 스쳐볼까 싶어 일부러 이쪽으로 왔다고. 마당의 돌 위에 호미를 내려놓으며 그녀가 집에 들어가 차라도 한 잔 마시자고 한다. 고개를 저으며 내가 아니라고, 그냥 바깥에서 잠깐 이야기나 하자며, 먼저 털버덕 잔디밭 데크에 앉는다. 망설이던 그녀도 내 옆에 와 앉는다.

그녀가 이야기한다, 끊임없이 돋아나는 잡초와 햇볕 알레르기와 퇴행성관절염과 시집간 딸이 남기고 간 강아지,

테디에 대해……. 내가 이야기한다. 혼자 하는 산책과 막 배우기 시작한 자전거 타기와 제법 열매를 맺어가는 텃밭 식물과 자주 결리는 등에 대해…….

그녀와 헤어져 집을 향해 걷는다. 얼마 전 읽은 김현경의 책, 『사람, 장소, 환대』(문학과지성사, 2015)의 문장이 더듬더듬 떠오른다. 걸음이 빨라진다.

마당에 들어서다 살짝 놀란다. 새끼 때부터 내 밥을 먹어온 들고양이 노랑이란 녀석이 현관 앞에 앉아 있어서다. 이 시간에는 온 적이 없는데 희한한 일이다. 하기는 새끼를 낳은 뒤로 오는 시간이 들쭉날쭉해지기는 했다. 어떤 날은 밤에 슬그머니 와서 밥만 먹고 가는가 하면 어떤 날은 2층 발코니까지 올라와 야옹야옹 나를 불러대기도 하고……. 이제 새끼들이 웬만큼 큰 걸까?

내 집이 제 집인 양 꼬리 세우며 나를 환대하는 노랑이에게 마주 다가가며 손을 내민다. 하지만 녀석은 녀석, 여느 때와 다름없이 몸을 뒤로 물린다.

"짜식, 깍쟁이기는. 근데 너 왜 이렇게 일찍 왔어. 너 이러는 거 반칙 아냐? 밥은 밥 때, 다른 친구들이랑 와서 같이 먹어야지. 기다려. 아줌마 잠깐 책 좀 보고 나올게."

녀석을 현관 앞에 놓아둔 채 2층 서재로 올라간다. 집에 오다 떠올린 『사람, 장소, 환대』의 문장을 빨리 확인하고 싶어서다. 찾던 문장은 3장, 「사람의 연기, 수행」에서 발견한다.

> 사람의 수행performing person은 사람을 연기한다는 의미와 사람을 존재하게 한다는 의미를 둘 다 갖는다. 사람이 수행적이라는 것은 사람다움personality이 우리 안에 있지 않다는 뜻이다. …… 사람다움은 우리에게 있다고 여겨지며, 우리 스스로 가지고 있는 체하는 어떤 것, 서로가 서로의 연극을 믿어줌으로써 비로소 존재하게 되는 어떤 것이다. 말하자면 그것은 본질을 갖지 않는 현상이다.

다시 읽어도 여전히 모르겠다, 본질을 갖지 않는 현상이라니……. 실존주의와 관계된 무엇일까? 자신감 없이 잠시 전의 만남을 돌이켜본다. 그녀와 내가 그녀 집 마당에서 서로 사람을 수행한 것 같아서다. 나는 나대로 그녀의 말을, 연극을, 믿어줌으로 그녀를 사람으로 존재하게 하고 그녀는 그녀대로 내 몸짓을, 내 표정을, 인정함으로 나를 친구로 현상하게 하며……. 그렇다면 우리는 사람, 그중에서도 친구를 수행한 것일까? 사람다움에서 넘쳐 친구다움까지 현상시킨 것일까? 이런 적용이 맞는 것이라면 코로나19가 들이닥친 후 내가 한 수행은 아내와 며느리가 대부분이겠다. 지지난 주 잠깐, 아주 기쁘게, 엄마를 수행했던 것을 빼면.

그러고 보니 알 것도 같다. 남편과 시아버님 옆에서 사람을 그리워한 이유. 내가 그들의 사람 연기를 믿어주지 않아서는 아니었다. 남편으로서의, 시아버지로서의, 그들의 얼굴에 내가 의례를 표하지 않아서는. 내가 원하는, 하고는 싶지만 할 수 없는, 수행이 많아진 게 문제였다.

평소 나는, 앉았다 누웠다 빈둥빈둥 책을 읽는 독서가 수행이나 산책하며 곰곰 공상으로 빠져드는 생각장이 수행을 좋아한다. 또 머릿속을 텅 비워둔 채 그림 그리기에 몰두하는 어리보기 화가나 누가 듣거나 말거나 큰소리로 노래를 불러대는 아마추어 성악가 수행도 자주 한다. 말하자면 혼자 하는 수행을 즐기는 것이다.

가만, 이런 수행도 수행인 거 맞나? 혼자 하는 수행 말이다. 자기 홍으로 하는 '체'로도 사람을, 사람다움을, 인정받을 수 있을지 모르겠다. 하기는 순수하게 '혼자' 하는 수행은 없겠다. 지금만 해도 내가, 나 자신을 향해 말하고 있지 않은가. 책이나 영화 속 인물들을 끌어들인 적은 또 얼마나 많고. 괴롭고 힘들 때는 염치없지만 신神까지도……. 그렇다면 나를 사람으로 인정하고 존재하게 하는 건 많은 경우, 바로 나라는 말씀?

저절로 고개가 저어진다. 잘 모르겠다. 확실한 것은 지금, 이 순간만큼은, 진짜 사람이, 눈에 보이는 실물이, 그립다는 것. 비행기 여행자나 합창단원 수행은 언감생심 바라지도 않는다. 그저 결정 장애를 앓는 의류상가 손님이나 자기주장을 갖춘 영화 감상자나 검색대에서 많은 시간을 보내는 대형서점 방문자 수행 정도면 좋겠다. 정 안 되면 수다쟁이 언니 동생 수행이라도.

갑자기 한숨이 나온다. 목하 열애 중인 여인의 모습을 떠올리다니, 그 무슨 가당치 않은 수작인지……. 뒷모습의 누군가를 향한 혼자만의 짝사랑도 어림 반 푼어치 없을 판에 말이다.

아 참, 노랑이! 책을 내려놓고 계단을 내려가 급하게 현관문을 열어 본다. 문 앞에 바싹 앉아 있던 녀석이 냉큼 일어나 반갑다는 듯 야옹댄다. 다시 문을 닫고 서둘러 녀석의 밥을 챙긴다. 기다리게 한 게 미안해 오늘은 특식, 고양이용 참치 캔이다.

노랑이란 녀석, 다리를 감싸며 돌아대는 통에 자칫 넘어질 지경이다. 밥그릇을 겨우 내려놓고 앉아 녀석을 지켜본다. 밥 먹기에 열중해진 틈을 타 녀석의 머리와 등을, 가능하면 꼬리까지도 쓰다듬어 볼 속셈으로다. 이상하게도 녀석은 밥 먹을 때만큼은 몸 만지기를 허락한다. 그런데 어디선가 슬그머니 나타난 얼룩이란 녀석, 스킨십 포기다. 노랑이의 형제지만 얼룩은 엄청 까탈쟁이라 먹을 때조차 경계가 심하다.

저녁 설거지를 마치고 다시 문을 열어 본다. 노랑이가 아직도 마당에 있다. 웬일인가 싶어 쭈그려 앉은 채 무릎걸음으로 녀석에게 다가간다. 다가가 손을 내민다. 당연하다는 듯 뒤로 한 발짝 물러서는 녀석. 웃으며 다시 앉은뱅이걸음으로 다가간다. 다가가 다시 손을 내민다. 또다시 뒤로 물러서며 녀석이 밥그릇으로 가 사료를 씹기 시작한다. 나를 보는 것 같기도 하고 아닌 것 같기도 한 새치름한 눈빛으로다.

손을 뻗어 녀석의 등과 머리를 쓰다듬는다. 은근슬쩍 배 밑으로 손을 넣어보기도 한다. 이상하다. 노랑이란 녀석, 이 정도면 몸을 물릴 텐데 웬일인지 아랑곳하지 않고 밥 먹는 체만 한다. 슬그머니 두 손으로 녀석을 들어 올린다. 부드럽게 아래로 처지는 녀석의 몸······. 녀석을 그대로 가슴 가까이 당겨와 머리에 내 볼을 갖다 댄다. 조용하다. 녀석이 야옹, 소리조차 내지 않는다. 한참을 안고 있다, 녀석을 내려놓는다. 몸을 뉘어 이리 뒹굴 서리 뒹굴 자기 배를 보여주는 녀석. 내가 다시 다가간다. 녀석은 녀석대로 몸을 일으켜 다시 밥그릇으로 입을 가져가고 나는 나대로 쓰다듬는 척하다 또다시 녀석을 들어 올리고…….

내 품에서 놓여난 노랑이가 이제 천천히 마당을 나선다. 뒤를 돌아봐 가며 골목을 건너는 녀석을 눈으로, 발로, 좇으며 손을 흔든다. 녀석이 어촌계장 집 돌담을 뛰어넘더니 풀이 우거진 공터로 들어선다. 평소와 다르게 걸음이 무척 느리다. 도로 쪽에 낯선 남자가 나타나자, 풀숲에 몸을 가린 채 기다리기도 한다. 녀석이 시야에서 사라진다. 어둠이 내리기 시작한 사방이 바람도 없이 조용하다. 터덜터덜 집으로 걸어온다. 마음이 복잡하다. 저항 없이 안기던 녀석의 속을 알 수 없어서다. 또 품 안에서 느껴지던 녀석의 부드러움이 지금도 기분 좋아서다.

문득, 의문이 일어난다. 아까 뒤집기를 할 때 본, 녀석의 몹시도 상해 있던 젖꼭지들이 생각난 것이다. 혹시 녀석도 나처럼 다른 수행을 해보고 싶었던 건 아닐까? 그러니까 녀석도 오늘은 어미 들고양이가 아닌, 그냥 들고양이, 혹은 사람과 맘껏 스킨십을 나누는 집고양이를 수행해 보고 싶었던 건?

수행은 꼭 사람만, 사람끼리만, 하는 게 아닌가 보다. 방금 녀석과 내가 나눈 것이 친구 수행이 아니고 무엇이랴.

친구란 말이 과하면 녀석은 새침데기 들고양이를, 나는 그런 들고양이를 짝사랑하는 동네 아줌마를 수행한 거겠다. 그도 아닐까? 우리는 들고양이도 아니고 사람도 아닌 그 중간쯤의 무엇으로 서로에게 존재했던 것이려나? 마을 길 공유자나 지구별 동반자로서 어쩌면 시작도 끝도 모르는 우연한 생명들로서, 우정 비스름하고 동병상련 비슷한 무엇을 현상시켰던 것이려나?

얼굴로 퍼져가던 미소가 문득 마음 한구석에 빗금 빽빽한 어둠을 불러온다. 가끔 들고양이에게 상상할 수 없을 정도의 못된 짓을 하는 사람도 있던데……. 그 사람들, 혹시 그 시간, 굳이 힘들여 짐승을 수행했던 건 아닌지, 모르겠다. 잔혹과 야만을 현상시켰던 건 아닌지, 모르겠다.

부인과 어머니

 얼굴에 로션을 바르다 깜짝 놀란다. 윗입술이 터졌다. 내 몸이 이렇게나 솔직하다. 몸 좀 썼다고 당장 표시를 낸다. 어제, 난생처음 도배를 해 봤다. 그렇게나 오랜 시간, 섰다 앉기를 반복한 것도 처음이었다.

 강 할머니 댁은 전형적인 제주의 농가였다. 시멘트가 발린 마당 한쪽에는 말끔히 씻긴 장독들이 올망졸망 서 있고 사이사이 놓인 화분에선 다육이가 자잘한 꽃을 피우고 있었다. 마당에 딸린 텃밭에는 무와 배추, 브로콜리 등의 푸성귀가 줄지어 심겨 있고 새끼 고양이 한 마리가 높이 자란 파 사이에 숨어 야옹야옹 가냘픈 소리를 내고 있었다. 할머니께 인사드리며 조그만 문을 밀어 집 안으로 들어갔다. 바로 마루였다.

　즉시 일이 분담됐다. 할머니가 시집올 때 해왔다는, 자물쇠 대신 숟가락이 꽂힌 마루의 옷 함 앞에서였다. 함께 일할 동지는 모두 여섯 명, 내게는 풀을 푸는 일이 맡겨졌다. 비닐봉지에 들어있는 풀을 바르기 적당한 농도로 따뜻한 물에 풀어 섞는 일이었다. 재단해 준 도배지에 풀비로 풀을 칠하는 것도 내 몫이었다. 네 명은 다시 둘로 나누어 한 팀은 목재와 석고보드를 사용해 울퉁불퉁한 벽을 평평하게 만드는 작업을 하고 다른 한 팀은 벽지를 재단해 벽에 바르는 일을 하기로 했다. 일주일 전, 도배 봉사에 관한 글을 교회 단톡방에 올려 오늘의 일을 성사한 나경 씨는 갑작스레 생긴 필요를 돕기로 했다. 가령 재료가 떨어지면 가게로 사러 간다든지 하는…….

　모두들 신이 나서 일을 시작했다. 방이 네 개나 되기는 하지만 천장도 낮고 넓지 않아 어렵지 않게 일을 마칠 수 있을 것 같았다. 그러나 실제로 일은 무척이나 더디고 힘들게 진행됐다. 바닥과 천장의 수평이 맞지 않아서였다. 같은 벽이라도 벽지를 제각각 다르게 잘라야 했고 불룩 튀어나오거나 움푹 들어간 부분은 벽지를 붙인 뒤 일일이 가위집을 넣어 다시 눌러줘야 했다.

　"옛날에는 내가 혼자 다 했는데. 언제부턴가 천장은 할 임두가 나지 않더라고. 그래도 벽은 혼자 다 했었는데……."

모두의 애쓰는 모습이 안쓰러웠는지 강 할머니는 몇 번이고 같은 말을 했다. 하기는 할머니는 당신의 말을 증명이라도 하듯 어제도, 대활약을 하셨다. 내 옆에서 풀비를 들고 보조 같지 않은 보조로. 밭에서는 누구도 따라갈 수 없다는 동네 소문대로 할머니의 일손은 새삼 내 속도를 깨달을 정도로 빨랐다.

결국 도배는 밤 9시가 되어서야 겨우 끝났다. 아침 9시에 모여 일을 시작했으니 꼬박 12시간이 걸린 셈이었다. 솜씨도 솜씨지만 예상 밖 자잘한 일이 너무도 많았다. 나경 씨가 카톡으로 '할머니가 도배를 하고 싶어 하시는데 방법이 없다'고 해 슬쩍 의아했었는데, 도배를 전문으로 하는 분들이 왜 할머니 댁 같은 시골집에 와주지 않는지 그제야 알 것 같았다.

입술 끝에 연고를 바르면서 슬쩍 입꼬리를 올려본다. 어깨도 결리고 머리도 띵 하지만 기분만큼은 최고다. 화장대 의자에서 일어서려는데 전화가 울린다. 나경 씨다. 어제의 동지들에게 감사의 안부 전화라도 돌리는 걸까?

컨디션을 묻는 나경 씨에게 내가 대답한다.

"네, 전 괜찮아요. 아, 근데 물어보고 싶은 거 있어요. 어제 점심 먹다가 따로 밥을 챙기셨잖아요. 할머니 댁에 누구 또 계세요?"

"네, 아들이 마당 별채에 함께 살아요."

"별채요? 그럼 아들이 집에 있으면서 왜 일도 돕지 않고?"

"어제 못 보셨구나. 저는 화장실 다녀가는 거 마당에서 봤는데. 너무 오래 방에만 있어서 잘 걷지를 못해요."

"네?"

나경 씨의 이야기가 이어진다. 할머니의 아들이 20년 동안 방에서 나오지 않는다는, 대학 졸업하고 첫 직장에서 사기를 당하면서 병이 시작되었다는…….

"자그마치 2억 3천을 강 할머니가 다 갚았어요. 바로 지난달까지요. 사시사철 남의 밭일로요. 제가 할머니한테 이제 일 그만하시라고 했어요. 할머니가 그러시더라고요, 이제부터는 아들 줄 돈 벌 거라고. 당신 죽으면 우리 아들, 어떻게 살겠냐, 하시면서요."

전화는 끊었지만, 머릿속이 온통 할머니와 그 아들 생각으로 그득하다. 학생 때 1등을 놓친 적 없다는 모범 청년이 사회에 발을 들여놓자마자 맞닥뜨렸을 엄청난 기만이 눈과 귀를 어지럽히고, 20년 전 제주 중에서도 시골인 이곳의 젊은이가 느꼈을 2억이 넘는 돈의 무게가 가슴을 내리누른다. 그러면서 떠오르는 한 문장.

'제발 나를 좀 그냥 놔두시오.'

좀머 씨의 고집스러우면서도 절망적인 외침이 머리를 스친 것은 바로 엊그제 책(『좀머 씨 이야기』, 파트리크 쥐스킨트 지음, 유혜자 옮김, 열린책들, 2020)을 읽어서이리라. 책을 옮긴이는 좀머 씨의 폐소 공포증, 그러니까 죽음의 공포에 몰려 잠시 잠깐의 쉼 없이 걸어야 했던 좀머 씨의 그 증상이, 제2차 세계대전에서 겪은 잔혹한 참상 때문일 거라고 했다.

그런데 이상도 하지, 좀머 씨의 외마디를 떠올리는 내 마음이 다른 곳을 향한다. 남편의 병증을 묵묵히 참아 견디는 좀머 부인을 응원하고 싶어진 거다. 셋집 지하실에 앉아 양모와 옷감과 톱밥 등으로 작은 인형들을 만들던, 완성된 인형을 큰 소포로 포장하여 우체국에 가서 부치는 날 외에는 집안에 틀어박혀 하루 종일 바느질만 하던 그 여인을. 그리고 거짓말과 속임수에 무너져 스스로를 방안 감옥에 가두어 버린 아들을 운명인 양 받아들인, 아들의 대인기피 증상을 순순히 사시사철 밭 노동으로 감내하고 있는 강 할머니를…….

부엌에 내려가 커피포트에 물을 끓인다. 부디 강 할머니가 당신의 검게 그을린 그 조그만 얼굴에 새겨놓은 웃음과 자신감을 끝까지 잃지 않으시면 좋겠다. 왜소하나마 나이

답지 않게 바르고 탄탄한 자세와 몸매를 또 건강을 할머니가 언제까지고 유지하시면 정말 좋겠다.

그러고 보니 할머니가 내게, 풀 며칠 놔둬도 상하지 않겠지, 하고 물으신 이유도 이제야 알겠다. 저 방은 나중에 혼자 발라야겠다고 혼잣말하실 때 무슨 말씀인가 의아했었는데.

시금치의 마음

 시금치를 다듬는다. 이웃 할머니가 무지막지 많은 양을 가져다준 덕에 제법 큰일이 되었다. 머릿속에선 조금 전 읽은 책 속 문장들이 떠다닌다. 책이란 무라카미 하루키의 에세이집, 『채소의 기분, 바다표범의 키스』(오하시 아유미 그림, 권남희 옮김, 비채, 2012). 도서관이 휴관해 내 방 책장을 훑어보다 발견했는데, 나름의 의미가 있었다. 1판 1쇄 발행일이 2012년 6월 27일이니까, 지금으로부터 정확히 10년 전 읽었던 책을 다시 읽는 일이기 때문이었다. 그러고 보니 2012년은 내 첫 책 『엄마의 날개옷』을 낸 해다! 12월에 책을 냈으니 『채소의 기분, 바다표범의 키스』를 읽은 건 발간을 준비하면서였겠다. 어이없는 건 억지로 부여한 나름의 의미가 무색하게 책의 내용이 전혀 생각나지 않았다는 것. 문득 눈앞 독자의 존재를 깨달은 듯, 뜬금없는 존대어로 묻거나 한마디 얹는 하루키식 문투는 기억해 낼 수 있었지만 말이다.

문투라는 말이 묘한 의심을 불러온다. 내 글이 간혹 까불까불해지는 게 하루키의 영향일까, 싶어진 거다. 그러니까 어설픈 시늉……. 에이, 아닐 것이다. 내가 책과 영화 속 인물들에 자주 반하고 쉽게 감동하긴 하지만 그래서 멋진 행동을 따라 하고 흉내 내기도 하지만 설마 글까지 그러랴. 나는 내 식으로 가볍고 유쾌한, 그러나 상상을 부르는 글을 쓰고픈 거다. 심각 모드로 철학을 논하고 우울·연민 모드로 카타르시스를 일으키는 건 내 능력 밖의 일임을 알기 때문이다. 하기는 상상 어쩌구도 내 바람일 뿐이다. 실제 그런지는 자신 없다.

어쨌거나, 『채소의 기분, 바다표범의 키스』의 첫 글인 「채소의 기분」은 "〈세상에서 가장 빠른 인디언〉이라는 영화에서 노인으로 분한 앤서니 홉킨스가 '꿈을 좇지 않는 인생이란 채소나 다름없다'라는 말을 했다"로 시작한다. 골동품 급 오토바이 '인디언'을 개조해 시속 300킬로미터를 내는 것이 인생의 목표인 심히 펑키한 노인이 이웃집 남자아이에게 한 말이란다. 하루키가 감탄하는 건 남자아이의 되물음 '그런데 채소라면 어떤 채소 말이에요?'와 그에 대한 노인의 답 '글쎄, 어떤 채소일까. 그렇지 으음, 뭐 양배추 같은 거려나?'다. 노인의 얼버무리는 용두사미 식의 대화가 하루키의 마음을 잡아끌었단다. '꿈을 좇지 않는 인생이란 채소나 다름없다'에서 깔끔하게 끝나면 확실히 멋있을지도 모르지만, 그러면 채소가 시시한 존재가 되어버린다나. 그러면서 하루키는 "채소에도 여러 종류가 있고 채소마다 마음이 있고 사정이 있다'며 '뭔가를 하나로 뭉뚱그려서 우집는 건 좋지 않군요"로 글을 맺는다. 이 부분에서 나는 누워서 책을 읽다 벌떡 일어났다. 하루키에게 엄지척으로 공감해 주고 펑키 노인에게 한 말씀 드리기 위해서였다.

"영감님! 양배추는 정말 아니에요, 시금치도 안 되지만. 알고 보면 양배추, 무시무시한 야심가거든요!"

제주에 내려온 첫해 집 마당에 조그만 텃밭을 만들었다. 상치와 고추와 대파 등등을 내 손으로 길러 먹겠다는 원대한 포부를 품고서였다. 하지만 그 소망은 오래가지 않았다. 마당의 주인을 자처했던 남편이 텃밭 포기를 선언한 때문이었다. 솔직히, 때맞춰 곁가지를 따주고 때맞춰 지지대를 세워주고 때맞춰 수확하는 건, 수시로 잡초를 뽑고

벌레를 잡는 건, 생각보다 힘들었다. 태풍이 지나고 난 뒤, 쓰러져 엉킨 작물을 일으켜 세워야 할 땐 난감을 넘어 참담하기까지 했다. 그래도 세 번째 해까지는(영하로 내려가지 않는 제주는 1년에 2번 심고 거둔다) 적으나마 방앗간에 가서 고춧가루를 빻을 정도로 열심을 내던 남편인데……. 아쉽지만 하는 수 없었다. 마당 주인을 나로 바꿔 텃밭에 꽃을 심었다. 하지만 꽃밭도 쉬운 게 아니었다. 결론부터 말하자면 올해는 다시 텃밭으로 돌아가기로 했다. 그냥 비워두기에는 양심의 가책이 느껴졌고 역시 채소가 생활에 도움이 되어서였다. 반찬 하다 말고 냉장고 문 열 듯 텃밭으로 나가는 즐거움도 포기할 수 없었다.

모든 채소가 꽃 아니, 꿈(때로는 야심)을 피운다는 말을 하려다 장황해졌다. 브로콜리의 경우 우리가 먹는 오톨도톨한 그 하나하나가 다 꽃이다. 그것도 너무도 예쁜 노란 꽃. 덕분에 수확을 마친 밭은 연일 꽃 잔치가 벌어진다. 상품이 되지 못한 브로콜리들이 오히려 자신들의 생을 마음껏 누린다고나 할까. 양배추도 노란 꽃을 피운다. 하지만 양배추꽃에는 놀라운 점이 있다. 그 꽃대가 (세상에나!) 싸고 또 감싸인 그 단단한 보따리를 뚫고 올라온다. 한 겹 한 겹 겹치고 겹친 그 꾸러미를 찢고 또 찢어가며 솟아오른 그 모습은 슬쩍 무섭기까지 하다. 그러니 '꿈을 좇지 않는 인생이란 채소나 다름없다'에 이어 '양배추 같은 거려나?'라고 말하는 노인에 내가 절대 동의할 수 없는 거다.

그런데 나, 조금 심한 거 아닐까? 앞에 시금치를 이렇게나 많이 쌓아놓고 이파리 하나 놓칠세라 조심하고 있지 않은가! 애써 가꾼 채소를 가져다주신 할머니께 감사해 단 한 잎을 아끼는 건 기특한 일이겠다. 하지만 나는 나의 세심함이 그 때문만이 아님을 안다. 시금치의 마음을 배려하고 있는 것이니까. 지금 내 앞의 이 이파리들이 자신이 부디 다듬어 버려지는 쪽에 속하지 않기를 바라고 있다고 생각하는 것이니까.

"완전히 사람 편의적 생각이군요. 당신은 당신 몸이 뜨거운 물에 데쳐져 남의 이빨에 찢기다 뭉개지다 또 위액에 부대끼다 결국 똥 되기를 소원하시나요?"

지금 내 귀에 들린 이 목소리, 설마 시금치의 것? 아닐 것이다. 제대로 정신이 박힌 시금치라면 그럴 리 없다. 자신들이 꽃이나 열매를 바라서가 아니라 애초 요리에 쓰기 위해 심긴 작물임을 알고 있을 테니 말이다. 오히려 내게 감사하고 있지 않을까? 나비와 벌이 우편집배원인 양, 새와 동물이 택배기사인 양, 꽃가루를 맡기고 씨를 옮기는 녀석들의 생존 전략을 내가 돕고 있어서다. 사람들이 좋아하는 맛있는 채소가 되어 매 시절 점령지를 넓혀가려는 녀석들의 고단수 계략을 밀어주고 있어서다. 그것도 부릅뜬 눈과 애긍하는 마음으로.

냄비에서 물이 끓기 시작한다. 다듬은 시금치를 서둘러 양푼에 담는다. 차례로 데친 후 네 개나 다섯 개로 나눠 냉동실에 넣어둘 참이다.

갑자기 묘한 의심이 다시 한번 머리를 스친다, 내가 채소에 대한 이런 습관 내지 마음을 가지게 된 게 하루키의 영향일까 싶은. 10년 전에 읽은 「채소의 기분」의 여운이 아닐까 싶은. 그건 그럴 수도 있겠다. 어디선가 읽었을 식물의 지능에 대한 글 혹은 기사에 강력히 감동한 덕분일 수도 있고……. 하기는 내 안에서 스스로 태어난 생각이, 발아해 자라난 마음 씀이, 어디 있으랴. 채소든 고기든, 남의 살의 도움 없이는 털끝 일 미리 조차 늘릴 수 없는 인간, 나이지 않던가.

창틀에 앉아
바깥 풍경 바라보기

 집에 들어가기 전 주차장부터 가본다. 바람에 날렸는지 물을 담아 차 밑에 놓아두었던 양푼이 구석에 뒤집혀 있다. 사료를 고봉처럼 쌓아두었던 세숫대야는 바닥을 말끔히 드러낸 채 뒷바퀴 쪽으로 밀려나 있다. 가족 모두 서울에 가 있는 동안, 혹시 비가 오면 엉망이 될까 봐, 고양이 사료와 물을 자동차 밑에 놓아두었는데 녀석들 용케 잘 찾아 먹었나 보다. 그런데 차 밑도 주차장 바닥도 너무 깨끗한 것 아닌가? 어떻게 사료 한 알이 떨어져 있지 않을까? 9일 동안 먹기에는 그 양이 터무니없이 부족했을까?
 빈 양푼과 세숫대야를 한 손에 모아들고 캐리어를 다른 한 손으로 잡아끌며 대문을 향한다. 불쑥, 고약한 의심이 머리를 스친다. 설마, 그 젊은이가 우리가 떠나자마자 사료를 몽땅 치워버린 건 아니겠지……?!

얼마 전 이웃의 젊은이가 찾아왔다. 고양이들이 자신이 운영하는 펜션 주차장에 똥을 싸 난감하다며 녀석들 밥 주는 장소를 바꿔 달라는 용건을 가지고서였다. 당장 젊은이와 함께 집을 나와 그가 원하는 위치를 확인했다. 억새와 잡풀이 무성한 집 근처의 빈터였다. 밥 위치가 멀어진다고 배변 장소도 바뀌려나, 속으로 의아했지만, 들어줄 수 있는 걸 부탁해 오히려 고마웠다.

며칠 후 빈 그릇을 수거해가는데 어디서 부르는 듯한 소리가 들렸다. 그였다. 길 너머 펜션 주차장에서 젊은이가 부루퉁한 표정으로 나를 쳐다보고 있었다. 그가 보란 듯 삽으로 바닥을 파내 바로 옆 잡초밭에 던졌다. 일전의 서글서글 깍듯한 태도는 어디에도 없었다.

"사모님, 그냥 고양이 밥 안 주시면 안 돼요?"

곤란했다. 사실 나는 캣맘은 아니다. 집 앞 폐창고에 사는 고양이가 로드킬 당하면서 그 새끼들에게 밥을 주기 시작했을 뿐이다. 수가 불어난 것은 그 일이 3년째 이어지면서 동네 다른 녀석들이 하나둘 합세한 것이고. 난처한 표정으로 내가 말했다.

"미안하지만 갑자기 고양이들 밥 주기를 그만둘 수는 없어요."

"아침부터 똥 치우는 게 얼마나 힘든지 아세요? 아휴, 생돈 들여 울타리라도 세워야 할 판이네. 약이라도 놓아야 하……."

생각지 못한 험한 말에 내 미간이 좁혀졌다. 인사를 하는 둥 마는 둥 몸을 돌려 집을 향해 걸었다. 여기 이 땅이 사람의 것만은 아니지 않냐, 살생을 생각할 정도로 힘들고 싫으면 숫제 녀석들을 볼 때마다 빗자루를 흔들며 고함을 지르시라, 말해줄 걸 그랬다고 후회한 건 집에 들어오고 나서였다. 아무리 들고양이라도 굳이 자신을 배척하고 미워하는 사람 주변을 얼쩡거리고 싶어 하지는 않을 것이기 때문이었다. 권리 주장에 필요하다는 땅문서 집문서 하나 없이 폭력을 유발할 위험을 자초하고 싶어 하지는…….

캐리어에서 짐을 꺼내 정리한다. 아들들에게 집에 잘 도착했다, 카톡을 보내고 생각난 김에 홈 카메라를 켠다. 녀석들이 바로 얼마 전 거금 들여 입양한 고양이, 미풍을 살펴볼 참인 게다. 하지만 녀석, 어디 어느 구석에서 무엇을 하고 있는지 보이지 않는다. 대신 멋들어진 각도로 기울여진 둥그런 밥그릇과 퐁퐁 물이 솟구쳐 내리는 물그릇이 화면에 잡힌다. 침대 위에는 숨숨집이, 책상 밑에는 스크래

처가, 방바닥 여기저기에는 깃털 낚싯대와 레이저 등이 흩어져있다. 고양이는 고양이로되 들고양이와는 너무도 다른, 품종 고양이의 일상 흔적이다. 묘생은 묘생이로되 기피 고양이와는 하늘과 땅만큼이나 거리가 먼 반려 고양이의 삶의 자취.

고개를 저으며 다른 방향의 홈 카메라를 켠다. 미풍이 거실의 커다란 화분에 올라가 오도카니 앉아 있다. 표정이 완전 '나 심심해'다. 녀석이 마루로 뛰어내린다. 그리곤 난초잎 상대의 앞발 권투도, 떨어진 남천 이파리를 공 삼은 앞발 축구도, 생략한 채 소파 밑으로 기어든다. 이제부터 녀석, 하릴없이 길고 긴 잠을 자리라, 아들들이 퇴근해 돌아올 밤의 그 시각까지.

그런데 어디선가 니야오옹 소리가 들리는 것 같지 않은가? 이 니야오옹은 미풍의 것이 아니지 싶어 (녀석의 우는 소리는 덩치에 맞지 않게 귀여운 아기 소리다. 그뿐이랴, 녀석은 처음 보는 내가 꼭 껴안아도 만난 지 몇 시간이 안 된 내가 폭풍 뽀뽀를 해대도, 갸르릉갸르릉 기분 좋게 견뎌준다. 대대로 이어받은 사람 친화 유전자 덕분이리라) 자리에서 벌떡 일어나 밖을 내다본다.

텃밭 앞에 까망이가 야옹대며 부엌문을 향해 앉아 있다. 아직 이른 시간이건만 오랜만에 나타나 혼자, 능청스럽게, 저녁밥 알람을 울리고 있다. 반가운 마음에 화들짝 문을 열고 달려가지만 녀석은 아무리 반가와도 만지지는 마세요, 라는 태도로 내 손을 이리저리 피한다. (슬쩍 서운하지만, 녀석의 피에 흐르고 있을 사람 경계 유전자를 핑계로 너그럽게 용서하기로 하고) 녀석을 향해 내가 말한다.

"잘 있었어? 너 살이 조금 빠졌구나! 아줌마 너 보고 싶었는데 너도 아줌마 보고 싶었어? 밥부터 달라고? 녀석하고는. 알았어, 밥부터 먹자."

까망이를 앞세워 공터를 향해 가는데 묘한 생각이 머리를 스친다. 집고양이 미풍은 들고양이 까망이가 가진 야생의 자유와 영역 싸움과 짝짓기를 영원히 모를 거라는, 또 자연과 사람 사이에서 맞닥뜨리는 위험과 냉대와 혐오도……. 들고양이 까망이는 까망이대로 미풍이 누리는 집안에서의 풍요와 안전과 사람과의 스킨십을 상상치 못할 거라는, 갇힌 공간에서 홀로 견뎌야 하는 길고 긴 기다림과 열린 창틀에 올라앉아 느끼는 신기함과 호기심 또한……. 그런데 녀석들, 다른 세상이 있다는 것을 알려주면 아니, 다른 삶으로 전환할 기회를 주면 선뜻 받아들일까? 하기는 묘생猫生뿐이랴. 인생人生도 천차만별이지 않던가. 문화가 다른 저 먼 나라의 사람들과는 물론 같은 언어를 쓰는 같은 나라 안에서도.

녀석들의 식탁에 그릇을 내려놓다 머리를 젓는다. 금수저, 흙수저를 떠올리다 뜬금없이 생각이 엉뚱한 곳으로 번진 거다. 이 마당에 『인형의 집』의 주인공, 노라를 기억해 내는 건 뭔지. 한 세기 전 『매일신보』에 『인형의 집』 삽화를 연재했던 화가이자 문인, 나혜석 말년의 모습과 함께 말이다. 그뿐인가, 그 두 사람에 이어 창틀에 앉아 바깥 풍경을 바라보는 미풍의 뒷모습에 나 자신을 겹쳐보기까지…….

 오드득 오드득 사료 씹는 소리를 내고 있는 까망이를 남겨둔 채 집을 향해 걷는다. 아내이자 며느리이자 주부로 퍼뜩 돌아와 식구들 저녁 준비로 마음 바빠진 내게, 길 너머 펜션 하는 젊은이가 언제 그랬냐는 듯, 사람 좋아 보이는 눈매로 어정쩡한 인사를 보내고 있다.

옥자의 이웃

영화 〈옥자〉를 보았다. 2017년 개봉한 것이니 늦어도 한참 늦은 관람이겠다. 영화제목이기도 한 옥자는 글로벌 기업 미란도가 '수퍼돼지 프로젝트'를 추진하며 미자의 할아버지에게 위탁한, 하마를 닮아 무지 덩치 큰 돼지다. 영화는 강원도 오지에서 오랜 세월을 가족처럼 살아온 미자와 옥자가, 미란도 CEO가 벌이는 나쁜 이벤트의 소용돌이에 휘말려 이별과 죽음의 위기를 겪다, 다시 집으로 돌아오는 과정을 담고 있다. 나는 영화 도입부에서부터 감명받았는데 어린 소녀 미자가 예쁘고 씩씩하고 활달한 데다(사람을 두려움 없이 대하는 태도는 신선하기까지 했다) 달리기를 너무도 잘해서였다. 체력도 체력이지만 옳다고 생각하는 것을 선뜻 나서

확고히 전개해 나가는 에너지랄까, 의지를 가진 미자가 부러웠던 것. 하지만 영화가 진행되면서 슬슬 마음이 복잡해졌다. 혼란해진 이유는(영화를 관람한 사람이라면 대부분이 동감할 듯도 싶은데) 유전자 조작의 윤리성과 미란다의 기만적 경영방식은 내버려 두고라도, 또 끔찍한 사육환경이나 채식으로의 전향을 고민하게 하는 도축 모습은 접어두더라도, 심지어 동물권 같은 거창한 이슈마저 생각을 나중으로 미루더라도…….

우선 닭백숙이 마음을 삐걱거리게 했다. 미란도 사람들이 옥자를 끌고 가버린 날, 어둑해져 돌아온 미자에게 할아버지가 말한다. "배고프지? 아 그래. 이 할아비가 너 좋아하는 닭백숙 했다?" 순간, 난 뜨악했다. 갑자기 닭을 사왔을 리는 없고 마당에서 기르던 닭이 백숙이 된 것일 텐데, 돼지는 안 되고 닭은 된다는 말인가 싶어서였다. 하기는 집에서 기르는 가축이라고 다 같은 입장은 아닐 터였다. 옥자는 미자가 이름 지어 부르며 10년 동안 가족과 같은 정으로 함께 산 돼지니까. 마당의 닭들은 아마도 음식 재료 삼아 기르던 것일 테고. 그럼에도 왜 그리도 심란해지던지. 참고로 미자는 닭백숙을 먹지 않았다. 화가 난 태도로 소지품을 챙기기에만 바빴다.

다른 하나는 커다란 위험을 무릅쓰고 달려들었지만 결

국 구해낸 건 옥자 단 하나였다는(아기돼지는 미자가 구했다기보다는 어미돼지의 기지로 맡겨졌다) 점이었다. 미자가 구해내지 못한 수많은 돼지는, 여전히 흥건한 핏속에서 총과 톱과 갈고리에 죽어 나갈 그들은, 어쩌나 싶어 안타까웠던 것. 어쩌면 미자가 딱 한 마리 분의 돈(금덩이)을 가지고 있었음을 아쉬워해야 했던 건지도 모른다. 미자의 관심이 딱 거기까지였다는 걸 애처로워해야 했던 건지도 모르고. 모든 돼지를 구하는 게 정의로운 것인지에 대해서는 따지지 않기로 하고 말이다.

문득, 수안의 모습이 떠오른다. 옥자에게 미자가 있듯 우리 동네 개들에겐 수안이 있구나, 싶어지면서다.

수안을 처음 만난 건 제주에 오고 얼마 안 된 때였다. 집주인이 큰 교통사고를 일으켜 중환자실에 입원하는 바람에 집이 빈 채로 방치되고 있다는 어촌계장 집 앞에서였다. 안 그래도 궁금하던 참이었다. 하얀 개의 주변이 너무도 말끔해서였다. 개집 앞에는 늘 깨끗이 닦인 그릇에 물과 사료가 담겨 있고 짧은 줄에 묶인 개의 주변엔 똥이랄까, 오물이 널려 있지 않았다. 호기심과 반가움을 품고 그녀에게 다가갔다. 내 얼굴에서는 주인 잃은 개를 보살피는 마음에 대한 무조건적인 호감이 미소로 피어오르고 있었을 터였다.

"안녕하세요? 저, 얼마 전에 저기 까만 집에 이사 온 사람이에요."

순간, 개가 짖으며 뛰어올랐다. 동시에 짧은 줄이 이리저리 개집을 긁으며 듣기 싫은 소리를 냈다. 그녀는 내 말에 그러시냐며 죄송하지만, 모르는 척 지나가 주셨으면 좋겠다고 했다. 꼬맹이가(그때 처음 알았다, 개의 이름을) 심리적으로 불안한 상태라 자기가 다른 사람과 이야기를 하면 몹시 질투를 한다는 것이었다. 예상외의 엄격한 태도에 놀란 나는 황급히 인사하며 교회 쪽으로 걸었다. 머리가 절로 갸웃 기울어졌다. 지나칠 때마다 꼬리를 흔들며 반가워하는 녀석과 나 또한 친하다고 생각했기 때문이었다.

얼마 후 들고양이 새끼들이 집 마당을 들락거리기 시작했다. 그것도 다섯 마리나, 어미도 없이. 일단 음식을 나누어주었다. 하지만 나는 들고양이는커녕 고양이에 대해서조차 지식이 없는 사람. 골목에서 그녀를 만나면 그렇게나 반가울 수가 없었다. 물어볼 수 있어서였다. 자연스레 그녀와 친해졌다. 알고 보니 그녀가 돌보는 개는 한두 마리가 아니었다. 꼬맹이는 물론 교회 마당 저편에 홀로 갇혀 있는 성경이를 비롯해 판포 우리 동네뿐 아니라 월림과 신창과 고산과 용수의 개들까지 그녀의 돌봄을 받고 있었다.

그녀가 나보다 열댓 살 어리고 결혼했으며 아직 자녀가 없음도 알게 되었다. 동네 사람들이 그녀를 또라이라 부른다는 것도.

생각해 보면 그럴 만도 했다. 그녀가 가장 힘써서 하는 일이(길거리를 떠도는 개를 구조해 치료한 뒤 입양을 보내는 일도 일이지만) 학대받는 개들을 보살피는 것이기 때문이었다. 그러니까 주인이 있는, 그 주인으로부터 몹쓸 대우를 받는……. 해온 대로 할 뿐인 개 주인에게는 거스러미를 일으키며 괜한 질책을 하는 그녀가 달가울 리 없었다. 그러나 그녀는 꿋꿋했다. 누가 뭐라 하건, 자기 방식대로 자기 비용으로 요일과 시간을 정해 개들을 돌봤다. 음식물쓰레기 대신 그릇 수북이 사료를 담아놓고, 마당에 갇혀 사는 개들을 동네 한 바퀴 산책시키고, 집 없이 사는 개들에게는 땡볕과 비바람을 가릴 집을 마련해주고, 기르던 개를 개장수에게 팔려는 기미를 내보이는 주인 앞은 과감히 막아섰다. 심지어는 의사마저 포기한 개를 살리기 위해 남의 개집에 들어가 개와 함께 밤을 지새우기도 했다. 다행히 그 개는 살아났고 동네 사람들의 인식도 조금 바뀌었다. 적어도 그녀가 개를 진심으로 사랑한다는 것만큼은 인정했다.

"언니, 이번 생에는 여행 같은 거 없지 싶어요. 제가 밥을 주지 않으면 모두들 굶는데 어떻게 저 좋자고 놀러 가겠어요. 성경이 같은 앤 제가 데리고 나가지 않으면 똥도 안 싸요. 사람들은 저보고 적당히 좀 하래요. 그렇게 난리를 쳐 세상 개를 다 구할 수 있겠냐고요. 제 돌봄에서 비낀 개들이 여전히 동네에만도 많지 않냐면서요. 하지만 어쩌겠어요. 저는 이렇게 할 수밖에 없는데. 남편이 이혼하자고만 하지 않으면 좋겠어요. 제가 생각해도 저 같은 여자랑 사는 거 쉽지 않을 것 같아요."

언젠가 수안이 내게 들려준 말이다. 정말이지 무엇이 그녀를 이토록 강하게 이끄는 건지, 어디서 그런 에너지가 나오는 건지 모르겠다. '네 이웃을 내 몸과 같이 사랑하라'는 성경 말씀의 최근近 최애愛 이웃이 수안에게는 고통받는 개들인 걸까? 영화 〈옥자〉의 주인공에게는 가족처럼 친밀한 돼지이고? 그래서 위험에 맞닥뜨린 개를 발견할 때마다 수안은, 또 죽을 위기에 빠진 옥자를 건지기 위해 미자는, 사력을 다해 뛰어갈 수밖에 없는 걸까? 씩씩하게 잘살고 있는 사람 이웃 남편과 할아버지는 오히려 남겨두고? 그런 것 같다. 이 두 사람의 이웃 개념은 사람을 넘어서는 것이지 싶다. 눈에 밟히는 개가 그토록 많은 수안은 옥자만을 사랑한 미자보다 훨씬 넓은 범위의 이웃을 가진 것이겠다.

불쑥, 신이면서 사람이신 그분은 사람의 한계를 알고 계셨다는 생각이 머리를 스친다. 그래서 사랑의 대상을 모든 사람이 아닌, 네 이웃이라 말씀하신 거라는 생각이……. 그렇게 각각의 내가 사랑한 이웃이 모이고 모여 사람 전체가, 생명 모두가, 되기를 바라신 거라는……. 그렇다면 영화를 보며 가졌던 안타까움 하나는 풀 수 있겠다.

아닌가? 미자의 오롯이 옥자만을 향한 관심에 격려를 보내는 건 나 자신을 면책하기 위한 구실일까? '네 이웃을'을 '네 이웃만이라도'로 바꿔 적용하는 건 세상 사람 모두를 내 수준으로 비하하는 게 되고?

고개를 저으며 내 맘대로 결론을 내린다. 영화 〈옥자〉가 또 수안이 말하는 건, 적어도 이름을 지어 부르며 관계 맺어온 마당의 이웃들을 구박하고 잡아먹는, 그런 짓만이라도 하지 말자는 호소라고. 나를 향해 새삼스러운 다짐도 해본다. 사람 이웃을 보다 연민하는 나지만, 내 시간 내 공간에 제 맘대로 들어와 이미 내 마음을 빼앗아 버린 저 야옹이들만큼은 잘 보듬자고.

그러고 보니 영화의 끝부분, 이런저런 모습으로 놀멍쉬멍 하고 있는 닭들 사이로 아기돼지가 뛰어드는 장면이 예사롭지 않다. 닭들이 놀라 '*꼬꼬댁 꼬고, 꼬꼬꼬꼬*' 하며 흩어지자, 할아버지가 '닭 놀라게 하지 마라'며 아기돼지를 점잖게 타이르지 않았던가. 그뿐인가, 영화의 마지막 신에선, 할아버지와 미자의 등에 미처 다 가려지지 않은 동그란 밥상 위로 푸성귀 가득 담긴 그릇이 놓여 있었다. 혹시 상큼하게 오이 베물며 짓던 두 사람의 상쾌한 미소, 앞으로 두 사람의 식탁에 더 이상 마당의 닭들이 올라오는 일 없음을 암시하려는 건 아닐까? 아니 숫제 닭들도 옥자와 같은 대우를 받게 되었음을?

닭백숙으로 삐걱대던 마음이 차분해진다. 봉준호 감독이 덩치 큰 옥자 뒤로 잘 보이지 않게 숨겨놓은 먹고 먹히는 일의 보람과 비애를, 또 숨 가진 것들의 기쁨과 슬픔을, 이제야 발견한 느낌……. 하기는 살고 또 먹는 일을 그 누구라 쉽게 말하겠는가. 절명 위기의 절박 상황에 닥친 그 누군가는 동료의 살을 먹었다고 아니, 먹을 수밖에 없었다고 하지 않았던가.

자리를 털고 일어난다. 저녁 반찬을 만들러 부엌을 향해 걷는다.

"제가 이러고 다니는 거……. 언니 저도 알아요, 언니도 이해 못 하는 거. 저는 단지 미안한 거예요. 균형을 맞춰주고 싶은 거예요. 상상할 수 없을 정도로 잔혹한 사람들 반대편에서 제가, 저 같은 사람들이, 정상을 지나친 또라이가 되어줌으로요."

　귓전을 아른대는 수안의 말이 뒤늦게 가슴 아리다. 밥이나 잘 먹고 다니는지 모르겠다.

가장 버리고 싶은 것

 한숨을 쉬며 옷장 문을 연다. 식구들이 모두 나가 버려 맘껏 자유로운 이 타이밍에, 애석하게 달리 할 일이 없다. 머리를 저으며 옷걸이에 걸린 옷들을 살펴본다. 여기저기 입지 않거나 입지 않을 옷들이 참 많기도 많다. 섬 거주자로서 벗어나기 어려운 문제 중 하나인 습기를, 곰팡이를, 그나마 줄이려면 뭐든 빽빽이 채워서는 안 되는데 말이다.

 옷들을 꺼내 바닥에 툭툭 내던져 버린다. 옷장에 숨통이 트이는 느낌. 흡족한 마음으로 아예 방바닥에 털퍼덕 앉아 버린다. 골라놓은 옷에서 옷걸이를 빼내 버리기 위해서다. 이왕 하는 거 편한 자세로 하자는 심산. 그런데 이 일을 어쩐다. 옷걸이를 빼내다 괜스레 살피고 입어 보고 하고 있지 않은가. 이 과정에서 대거 옮겨가 버리는 옷들! 왼편에서 오른편으로 말이다.

  결국, 두 벌만 손에 들고 집을 나선다. 뭐가 그리 아까운지, 뭘 그리 챙기는 건지, 과거와 미래에 붙잡혀 현재의 편리를 포기해 버리는 꼴이 스스로 어이없지만 어쩌겠는가.

  수거함에 옷을 날리듯 허쳐 버린다. 나선 김에 아니, 남편이 없는 틈에 우아하게 기분 전환이나 하자며 판포리 카페를 향해 걷는다. 남편은 거리 두기 시국에 무슨 카페냐며 난리를 치지만 나는 가끔은 내 몸을 커피 향과 사람 내음 섞인 백색소음 속에 앉히고 싶다. 그리고 생각해 보라. 시골구석, 안 그래도 파리 날리는 카페에 손님이 있으면 얼마나 있겠는가. 오히려 이런 때, 한 잔이라도 매상을 올려주는 건 동네 이웃으로서 해줌 직한 일일 게다.

  카페의 문을 연다. 주인이 어서 오라며 반긴다. 다행이다, 가끔 주인이 문을 열지 않거나 자리를 비운 채 사라져 버려 허탕 치기도 하는데. 아무도 없는 주위를 살피며 의자에 앉는다. 메뉴를 새삼 들여다보며 오랜만에 얻은 기회를 어떤 맛으로 누릴까 고민한다. 마시고 싶은 건 진한 쓰리 샷 커피지만 어제, 동네 의사로부터 끊어 버리라 권유받았기 때문이다. 카페인이 내 여성 호르몬 부족 현상을 가중시킨다나. 그렇게 행복한 망설임은 이어지고……. 결국 나는 가벼운 한숨과 함께 고개를 저으며 샷 추가 없는 아메리카노를 주문해 버린다. 그리곤 집에서 가져온 책을 꺼내 펼친다.

 몇 줄 읽지 않았는데 문이 열리며 젊은이 셋이 들어온다. 그런데 이게 무슨 일이람! 하고 많은 자리 중 그들이 의자가 부서져라, 궁둥이를 내던진 곳이 하필 내 오른편 테이블이다. 그뿐이랴, 아이스 아메리카노를 주문함과 동시에 얼굴에서 마스크를 떼어내 버리고 떠들기 시작한다. 이건 아니지 싶다. 지금 때가 어느 땐데!

 보란 듯 벌떡 일어나 버려? 일어나 발소리를 탁탁 내며 걸어가 저 구석 테이블에 앉아 버려? 아니지, 내가 왜? 그냥 말해 버리면 되지. 거리 두기 방침을 지켜달라고 따박따박 정확한 어조로 선언하듯. 그런데 너 그럴 자신 없잖아. 모르긴 몰라도 이 상황을 무시해 버리는 게 네가 할 수 있는 최선이지 않을까? 그리고 생각해 봐. 잠시 후엔 너도 마스크, 벗어 버릴 거잖아. 아인슈페너고 아메리카노고 어떻게 마스크를 쓰고 마시냐고. 그러니, 그렇게 뭔가를 터뜨려 버릴 기세로 흥분하지 말고 침착해. 네가 물 엎지르듯 카페 분위기를 망쳐버리면 네가 아끼는 주인만 곤란해져 버릴 테니.

 말없이, 펼친 책을 손으로 받쳐 들고 옆 테이블로 옮겨

앉는다. 그런데 참으로 이상도 하지. 어이없게 속았다며 언젠가 되갚아 주리라 벼르는 얼굴 곱상한 젊은이의 악다구니가 책보다 재미있다. 역시나 욕이 반인 다른 두 젊은이의 응수도 그렇고……. 남 사기당한 이야기에 웃는 건 실례이지 싶어 책에만 집중하려 눈을 부릅뜨는데 갑자기 문이 열리며 손님들이 또 들어온다. 이번엔 내 또래의 여성 넷이다. 그런데 이건 또 무슨! 그녀들이 자리를 찾아 앉기도 전, 카페가 왁자글한 시장판이 되어버린 것이다. 다시 한번 거세게 치솟다 곧바로 사위는 내 식의 정의감. 생각해 보면 그렇다. 그녀들도 맛있는 차 아니, 이야기가 고파 카페에 오지 않았겠는가. 목소리가 큰 것은 내가 그렇듯 이 나이의 특징이고. 문제는 마스크다. 왜 다들 카페에만 들어서면 마스크를 벗어 버리는 걸까? 시골구석이라서?

주인이 가져온 아메리카노를 결연히 입에 털어 넣듯, 은 아니고 뜨거워 조심조심 마신다. 대신 컵이 비자마자 책을 가슴에 보듬듯 안고 자리를 떨쳐 일어난다. 절이 싫으면 중이 떠나라는 말을 머릿속에 떠올리면서다. 하지만 주인에게 눈인사를 보내고 뚜벅, 걸어 카페를 나오는 순간, 급 우울 모드로 전환되는 내 마음이라니. 그래, 싫지 않았다. 싫기는커녕 청년들 얘기 못지않게 흥미진진한 그녀들의 뒷담화와 비하인드 스토리가 여전히 뒤통수를 잡아당긴다. 아, 정말이지 천하에 몹쓸 바이러스가 아닌가!

"썩 꺼져버리라고, 이 나쁜 코로나19! 당장 사라져 버려."

살짝 놀라 거리를 돌아본다. 이즈음 중얼중얼 혼잣말이 느는가 싶더니 이젠 아예 소리를 뱉어 버리기까지! 공포 영화도 아니고 거참. 하기는 내 탓만 할 것도 아니다. 오죽하면 내가 이러겠는가. 정말이지 지구촌에서 이것들을 뿌리째 없애 버릴 그 누군가가 없는지 모르겠다. 아니 아예, 은하계 밖으로 날리어 버릴 누군가가. 아니아니, 우주에서 완전히 박멸해 버릴……

근데, 내가 말끝마다 '버리다'를 붙이고 있는 것 같다? 혹시 이 말본새, 그놈을 끊어내 버려달라고, 뽑아내 버려달라고, 날이면 날마다 하나님께 간구한 후유증? 그러고 보니 아무 때나 흔들어 대는 이 머릿짓도, 한숨도, 혼잣말도, 즉시 끊어내 버려야 함 직한 버르장머리다. 진한 커피는 조금 나중으로 미루더라도.

제주는 지금
온통 노랑

 호박떡을 앞에 두고 막무가내 제주의 봄으로 빠져든다. 이웃이 가져온 노란 떡으로 노란 상을 차려놓고 세상이 온통 노랑이라며, 이제 내 속까지 노랑으로 채워질 참이라며, 혼자 설레발치고 있다. 지금 바깥은 함빡 노랑투성이다. 밭은 물론 길에서도 공터에서도 아니, 눈길 닿는 곳마다 유채가 한들한들 노란 꽃잎을 흔들고 있다. 브로콜리 밭에서는 유채와는 또 다른 노랑이 등불인 양 사방을 비춘다. 상품이 되지 못해 밭에 남겨진 초록 주먹들이 십자형 레몬 노랑을 무수히 틔워 올린 거다. 그뿐인가, 양배추 밭에서도 그 단단한 보자기를 뚫고 올라온 꽃대가 병아리색 노란 꽃들을 여기저기 흩뿌리고 있다. 하다못해 우리 집 마당의 조그만 텃밭도 한 귀퉁이가 한껏 노랗다. 수확 시기를 놓친(정확히는 김치 담그기를 미루다 방치된) 배추가 높디높은 꽃대 위에 해바라기 노랑으로 꽃을 피운 것. 집 입구의 조그만 꽃밭에서는 수선화가 그 여리고 순한 노랑 봉오리를 비스듬히 기울이고 있다.

푸른 차와 함께 노란 떡 한 조각을 입에 넣는다. 봄을 연두나 초록이 아닌, 노랑으로 떠벌리는 것은 내가 제주 중에서도 시골에 살고 있기 때문이리라. 보리며 마늘이며 월동 배추 파 콜라비 등 겨울에도 푸릇한 작물들 틈에서 연두로 봄을 말하기는 새삼스럽다. 들이나 오름의 해묵은 억새들까지 빛바랜 노랑이라 우기며 노랑 대열에 끼워 넣는 건 살짝 억지임을 인정하지만 말이다.

떡 두 조각을 한꺼번에 입에 넣고 책장으로 간다. 『THE COLOR, 세계를 물들인 색』(안느 바리숑 지음, 채아인 옮김, 이종문화사, 2012)을 뽑아 들고 노란색 부분을 펼쳐 읽는다.

많은 문화권에서 태양을 그릴 때, 그 빛과 열을 연상시키는 노랑으로 그립니다. 노랑은 풍요로움을 뜻합니다. 빛나는 노랑은 봄에 다시 피어나는 꽃의 색이자 가을 추수의 색이며 황금의 색입니다.

저자 안느 바리숑에 따르면, 태양과 황금의 색이면서 행복과 신, 권력의 의미를 가진 노랑은 모순의 색이다. 시대와 상징에 따라 배척과 차별, 배반의 색이 되기도 했기 때문이다. 서구 크리스트 교인의 입장에서 노란색은 이교도인 이슬람교도의 색(이슬람교도들도 그들 입장에서 이교도인 그리스인과 비잔틴인을 '샤프란 사람들'이라고 불렀다고 한다)이었다고 한다. 예수를 배반한 유다의 옷은 대개 노란색으로 칠해졌고 나치 독일 치하의 유대인이 가슴에 달아야 했던 다윗의 별도 노란색이었다고……. 하기는 축구장에서 심판이 드는 경고 카드의 색도 노랗지 않던가.

쓱쓱 책을 읽어 넘기다 흥미로운 부분을 발견한다. 고대 이집트에서부터 19세기까지도 사용했다는 미라 노랑 mummy yellow에 관한 것이다. 바리숑은 이 색이 매우 무서운 색이라고 한다. 이집트 공동묘지에서 얻은, 수지나 역청에 담가둔 아마천 붕대와 건조된 미라의 피부를 갈아서 얻는 색이기 때문이다. 놀라운 것은 이 색이 어두운 노란색과 밝은 갈색 사이의 색이라는 것. 그러니까 이 계절의 억새가 노란색 맞다는 말씀!

책을 제자리에 넣고 자리에 돌아와 앉는다. 괜히 우쭐해져 본격적으로 떡과 차를 먹고 마신다. 갑자기 그림이 그리고 싶어진다. 고흐의 〈해바라기〉나 고갱의 〈노란 그리스도)처럼 노란색을 왕창 사용해서다.

생각해 보면 그림은 참 신기한 작업이다. 생명 없는 종이와 캔버스와 목판에 생명을 불어넣기 때문이다. 아니, 생명이란 표현은 과하겠다. 오라 정도로 말하는 게 좋겠다. 그림 속 고양이라 해도 그 눈을 칼로 찌르기는 쉽지 않아서다. 그저 종이 위의 데생일 뿐이라 해도 사랑하는 사람의 얼굴을 훼손하기는…….

> 실제 나무를 보는 것보다 나무 그림을 보는 게 더 멋지다는 것을 아는 자였지요.

『내 이름은 빨강』(이난아 옮김, 민음사, 2019) 속 오르한 파묵의 문장이다. 나 또한 그림을 보며 받는 감동이 실재實在를 볼 때보다 큰 경우가 많다. 그렇다고 '그림은 신의 기억을 되찾는 것이며, 세상을 그가 본 대로 다시 보는 것'이란 말에 동의하는 건 아니다. 나는 그림이 피조물의 창조물(혹은 모사물)이기에 그렇지 싶다. 창작자의 차원이 감상자와 같아 작품 이해가 쉽고 감상이 편안하다고 생각하는 거다. 그러니까 나무 그림을 실제 나무의 창의성 넘치는 안내서나 상상력 풍부한 해설서로 보는 것이다.

그런데 이거 불경不敬은 아닌지 모르겠다. 갑자기 하나님이 자신의 형상대로 사람을 만들었다는 성경 구절이 생각나면서 그 형상이란 것의 대개가 '만들기 좋아함'이 아닐까, 싶어진 거다. 그래서 진흙을 빚는 신의 손가락처럼 우리도(나도) 허구한 날 눈만 뜨면 조몰락조몰락 무언가를 만들어 대는 것은 아닌지. 또 창조 후 '좋았다' 말씀하신 신을 닮아 나도(우리도) 결과물을 향해 '이만하면 괜찮네' 자화자찬하는 것은 아닌지. 그러고 보면 우리가 너도나도 끊임없이 이야기를 지어내는 것 또한 말씀으로 세상을 창조하신 그분을 닮아서인지도 모르겠다.

아코 이런! 내가 다 먹어버렸다, 그 많은 떡을!

벌떡 자리에서 일어나 밖을 내다본다. 알았다고 먼저 먹고 있으라, 말하곤 오리무중인 남편을 눈으로 찾으면서다. 그런데 지금 텃밭에서 남편이 들고 있는 저 노랑노랑은 배추꽃?

옷장을 열어 굳이 연노랑 카디건을 찾아 입는다. 이제부터 지상에서 노랑 한 자락을 베어낸 남편은 텃밭에 내버려두고 속도 노랗고 겉도 노란 사람이 되어 하나님이 펼쳐놓은 노랑 세상으로 어물쩍 스며들 참이다. 접시에서 뱃속으로 순간 이동한 노랑 한 접시가 나를 배반하는 옐로가 되지 않도록 마을의 올레나 걸어볼 작정.

아 참, 빼먹었다. 제주의 봄, 길 가장자리와 모퉁이를 노 랗게 장식하는 꽃 중엔 개나리와 민들레도 있음을.

먹는다는 것

 음식의 맛이란 게 기껏 혀끝에서 목구멍에 도달하는 6cm 사이의 기쁨이란다. 그뿐인가, 혀에서 목까지의 두 치의 낙을 위해 마음을 쏟고 정신을 기울이는 것은 화장실에 충성하는 것이란다. 이 무슨 기가 찰 일인지……. 30여 년 반찬 하느라 애써온 걸 생각하면 억하심정마저 인다. 끼니를 챙긴다는 게 어디 쉬워야 말이다. 미리도 못하고 미루지도 못하고 몰아서도 못하는, 게다가 날이면 날마다 꼬박 세 번씩 닥치는, 일이지 않던가.

 아니지! 차분해지자. 칼럼이 말하고자 하는 건 식탐을 줄이라는 말일 게다. 다산을 인용해 상추쌈을 예로 들며, 박한 음식을 진미로 속이라지 않는가. 또 제목부터 「물가

유감*勿加惟減*」이지 않은가. 음식이나 맛 같은 것에 괜한 힘 빼지 말라는 권유는 오히려, 안 그래도 그런 일에 시들해져 가는 나에겐 신명 나는 일일 것이다. 생각해 보라. 이보다 좋은 구실과 명분이 어디 있으랴.

그런데 이건 뭐지? 신문의 다른 면에서 '아프냐? 총알 오징어도 아프다'라는 재미있는 문구를 발견한다.

대형 유통 업체들이 총알 오징어 판매 금지를 선언했단다. 그동안 새끼 오징어에 '총알'이라는 이름을 붙여 일반 오징어와는 다른 종류인 듯 팔아왔는데, 의도치 않게 오징어 멸종에 가담하게 된 것을 안 소비자들이 비난 여론을 일으킨 때문이란다. 한편에서는 문어 오징어 등 두족류와 바닷가재 새우 등 갑각류와 같이 고등 신경계를 갖고 있는 동물을 먹는 것, 혹은 산 채로 요리하는 것에 관한 논쟁도 일고 있단다. 운반을 위해 얼음에 넣어질 때조차 동물들이 극심한 고통을 느낀다는 것을 많은 사람이 알게 되면서다.

먹는다는 게 이렇게나 끔찍하고 징그러운 일이었다! 혀로 느끼는 그 짧디짧은 희락을 위해 아예 한 어종을 싹쓸이하는가 하면 살아있는 동물을 칼로 자르고 소금에 절이고 불로 지지고 기름에 튀기고 또……. 탐식이 문제가 아니라 아예, 먹지 않고 살 방법을 찾아야 할 판이다. 하지만 나도 알고 있지 않은가. 우리 인간이란 우주에 홀로 고립

되어도, 빙하기를 견디는 기차 안에서도, 누명을 쓰고 감옥에 갇혀도, 사랑하는 아버지가 돌아가셔도, 꾸역꾸역 씹어 삼키는 존재인 것을…….

슬그머니 친구의 얼굴이 떠오른다. 실은 아까부터 친구와 주고받은 말들이 머릿속을 떠다니고 있었다. 어쩌면 이 아침, 내가 신문 칼럼에 오버하는 것은 친구가 얼마 전 겪었다는 그 일 때문인지도 모른다.

"나 참, 속상해서……. 어제저녁, 조기를 여섯 마리 구웠거든. 크기가 제법 큰 걸로. 니 생각엔 우리 집 식구 한 사람당 몇 마리씩 먹어야 할 것 같니?"

친구의 식구가 셋임을 떠올리며 내가 대답했다.

"두 마리."

"그지? 어젠 사정이 있어 아버님이 먼저 식사를 하셨거든. 다 드신 것 같아 설거지하러 내려갔더니 글쎄 남은 조기가 세 마리밖에 없는 거야. 갑자기 부아가 나는 거 있지. 원체 식탐이 있으신 걸 알면서도 말이야. 마침 아버님이 방에서 나오시더라고. 내가 여쭸어. 조기가 작지 않았는데 세 마리나 드셨냐고. 아버님이 그러시는 거야, 물컵을 식탁에 탁 소리 나게 올려놓으시면서. 먹다 보니 맛있어서 그랬는데 그럼 안 되냐고."

할 말이 없었다. 친구의 시아버지는 고도 비만이신 데다 신부전을 앓아 당신을 위해서라도 식사량을 줄이셔야 하기 때문이었다. 게다가 조기는 염장 생선이지 않은가. 그러나 이어지는 친구의 말은 그렇게 단순한 게 아니었다.

"첨엔 아버님이 너무 밉더라고. 무슨 일에든 당신만 생각하시니까. 그런데 설거지가 끝나갈 즘 되니까 참담해지는 거 있지. 결국 내가 화가 난 건, 내 몫의 조기 한 마리가 줄어들어서잖아. 순간, 나 자신이 어찌나 치사하게 느껴지던지……. 먹는다는 게, 어찌나 구차스럽고 혐오스럽던지……."

친구는 이제부터 생선을 먹지 않을 생각이란다. 그렇게나 좋아하던 생선을……. 만정이 떨어졌다는 게 이유다. 아휴 정말, 먹는다는 게 뭔지 모르겠다!

전화가 울린다. 큰녀석이다.

"응? 이번 주 토요일, 여기 제주집에 오겠다고? 왜, 갑자기? 뭐? 소개하고 싶은 사람이 생겼어? 어머! 정말이야? 너, 지금 행복하구나! 엄마? 엄마도 당근 좋지. 근데 뭐가 이렇게 급해? 만난 지 얼마나 됐다고. 알았어, 알았어. 저녁 식사 함께 할 수 있게 준비해 놓을게."

가족들이 둘러앉은 식탁의 모습이 눈앞에 두둥실 떠오

른다. 비혼주의자였던 큰녀석 옆에 예쁜이가 앉아 있다! 입이 절로 벌어진다. 코로나 덕분이지만 내 손으로 직접 요리하게 된 것조차 싱숭생숭 흥분을 일으킨다. 전화를 끊자마자 대충 옷을 걸치고 서둘러 집을 나간다. 손님을 맞으려면 마당에 꽃도 좀 심고 오이소박이라도 담가놓아야 할 것 같아서다. 차를 향해 걸으며 이리저리 식단을 고민한다. 6cm를 가장 멋지게 아니, 맛있게 속일 수 있는 방법을.

그러고 보니……? 그 조그맣고 빨갰던 녀석이 180이 넘는 건장한 허우대가 된 건 잘 먹어서일 것이다. 또 혀끝에서 목구멍 사이의 6cm에서만 맛을 느끼는 것도 아닌 것 같다. 코도 맛을 보고 눈도 맛을 흡수하지 않던가. 그것도 어떤 때는 혀나 입보다도 풍성히. 그뿐이랴, 두 치의 만족이라고는 하지만 그 시간이 결코 짧지 않다. 나만 해도 어디 하루 세 끼만 먹던가. 때로는 기억을 뒤져 언젠가 맛본 별미 풍미를 되새김질하기도 한다. 아니아니 그 무엇보다, 내 음식을 맛있게 먹는 모습을 볼 때의 충만감을 어찌 버리랴.

큰일 날 뻔했다. 조금 전 칼럼을 읽으며 속으로 바랐던 알약으로 음식을 대체하는 세상, 취소다. 건강 같은 뻔한 이야기는 그만두고 당장 이번 손님맞이만 해도 맛있는 것이 끼지 않으면 그 얼마나 시시하고 멋쩍을까. 환대하고픈 내 마음은 또 어떻게 표현하고. 역시 화장실을 위한 게 아니었다, 음식을 만드는 노력과 맛 내기에 쏟는 정성. 그것이 가족이나 다른 사람을 위한 것일 때는 더더욱…….

  차에 시동을 건다. 부디 내가 시장에서 만날 고기가, 생선이, 또 오이 등등이 고통 없이 그 자리에 왔기를 바라면서다. 또 우리의 유쾌한 식탁에 식탐 같은 나쁜 것이 끼어들지 않기를 바라면서다.

사진과 글

 잠옷 차림으로 사진을 찍는다. 급한 대로 스마트폰으로다. 아침부터 봉 잡은 기분……. 폰을 책상에 돌려놓고 체조를 이어간다. 흐뭇한 마음으로 머리를 돌리고 양팔을 옆으로 들어 크게 원을 그린다.
 일어나자마자 체조를 하고 있었다. 갑자기 눈앞에 산이 나타났다. 굵게 검정 선으로 마감한 하얀 한라산이었다. 밤새 바다에서 불어온 바람이 유리창에 하얀 소금 흔적을 남기고, 소금 입자들이 공교롭게 선의 형태로 녹으면서, 독특한 그림이 그려진 것이었다.
 지금 이 소금 캔버스의 하얀 한라산처럼 우연히 마주치는 기적적인 장면들을 좋아한다. 내 눈에 본디 물성과는 다르게 엇비친, 구성 같고 회화 같은 이미지를 보는 게 즐겁다. 덕분에 남편과 오름 오르기나 올레 걷기를 하면 자꾸 헤어진다. 길에서 내가 자주 머뭇거리기 때문이다. 빨갛게 녹이 슨 채 늘어져 있는 철조망이나 주홍빛 산비탈에 어린 풀 그림자를 나는 그냥 지나치지 못한다. 멈춰 서 바라보다 가끔은 사진에 담기도 한다.

허리를 돌리다 말고 책상으로 달려간다. 박태희의 책을 뽑아 들고 쓱쓱 페이지를 넘긴다. 『사진과 책』(안목, 2011)은 작가 자신이 오랜 기간 지녀온 사진가의 책 14권을 애정과 존경을 담아 소개하는 책이다. 아! 여기 있다, 불현듯 확인하고 싶었던 문장.

> 우리 사진가들이 다루는 것은 끊임없이 사라지고 있는 현재의 대상들이다. 그 대상들이 사라져갈 때 어디에도 그것들을 되돌아오게 할 방법은 없다. 우리는 기억을 찍을 수 없다. 오로지 현재를 담을 뿐이다.

앙리 카르티에 브레송이 「결정적 순간」에서 한 말이라는데 정말 멋지다. 문장에 공감하며 한 단어 한 단어 소리 내어 읽어본다. 엉뚱한 생각이 머리를 스친다. 글쓰기에 브레송의 말을 적용해 보고 싶어진 거다. 글은 마음을 찍는 사진이라지 않던가. 사진가들을 작가들로 바꿔 브레송의 문장을 읽어본다.

'우리 작가들이 다루는 것은……'. 고개가 절로 끄덕여진다. 나에게 글쓰기란 지금 현재現在, 내 머리와 마음이 일으키는 생각들을 문자화하는 것이기 때문이다. '끊임없이 사라지고 있는……'. 이 문장에도 동감한다. 메모라도 남겨두지 않으면 생각도 상상도 감쪽같이 사라져 버리기 때문이다. 하지만 '그 대상들이 사라져갈 때…… 방법은 없다'라고 말하는 건 조금 곤란하지 않을까? 하기는 방금 머리를 스친 생각과 아이디어도 바로 다음 순간 변형되거나 증발해 버리기는 한다.

미진한 마음으로 다음 문장을 읽는다. '기억을 찍을 수 없다……'? 고개가 절로 저어진다. 오히려 나는, 그러니까 내 글은 주로 기억을 대상 삼는 것 같아서다, 상상과 추측을 곁들여서. 아! 아닐 수도 있겠다! 글쓰기란 기억과 상상이 현재現在의 마음에 솟구쳐 올린, 그래서 머릿속에 현재顯在의 이미지로 진동하는 그것들을 문자로 담아내는 일이지 않은가. 그렇다는 건 작가도 결국 기억이 아닌, 현재를 다룬다는 얘기다. 현재現在에 현재顯在화한 기억. 단, 글쓰기에는 현장성에 입각한 결정적 순간은 없는 것 같다. 퇴고를 통해 구성과 문장을 무지막지 바꾸는 내 경우엔 더욱 그렇다.

괜히 우쭐해져 책을 덮어 책상에 올려놓고 조금 전 찍은 사진을 꺼내 본다. 아뿔싸! 한라산 밑으로 머리칼을 잔뜩 헝클인 아줌마가 잠옷 차림으로 슬며시 들어와 있다! 카메라 렌즈가 내 눈이 보지 못한 것을, 보고도 마음이 간과한 것을, 놓치지 않고 잡아챘다. 유리창이 거울처럼 되쏘고 있는 내 모습을 고스란히, 희미하나마 확고하게.

사진을 다시 찍으려 급히 창으로 간다. 하지만 하얀 한라산은 이미 없다. 소금 캔버스는 여기저기 구멍이 뚫린 채 어설픈 선들로 얼기설기 녹아내리고 있다.

아쉬운 마음으로 돌아선다. 마저 체조를 할까 망설이는데 커다란 액자가 눈에 들어온다. 지난여름, 남편이 광치기 해변에서 찍은 사진으로 솜씨 자랑삼아 책장에 세워놓은 것이다. 내가 문주란꽃에 파묻힌 벤치에 앉아 있다. 내 뒤로는 손님을 태운 말 두 마리가 앞서거니 뒤서거니 해변을 걷는다. 그 너머는 흰 구름을 모자인 양 쓰고 있는 검은 일출봉과 푸른 바다다.

슬그머니 얼굴에 미소가 번진다. 두 마리 말을 뒤따르던 아기 말이, 껑청대던 그 앙증맞은 꺽다리가 뭉게뭉게 되살아나고 있다. 사진에 고정되어 있던 그날 그 시간의 소소한 행복감이 한참의 시간차를 두고 불려 나오고 있다.

그런데 불려 나오고 있다고? 그렇다! 카메라가 기억을

찍을 수는 없지만 카메라가 찍은 가시적 현재現在가 지금 마음속 현재顯在로 되살아나고 있다, 풍성한 기억의 형태로! 남편이 사진 찍던 당시의 현재가 아내의 현재 마음에 불려 나와 또 다른 현재를 만들어 가는 거다. 오호, 감동이다. 내친김에 책장에서 앨범을 꺼낸다.

그런데 내가 이때 이랬었나? 갑자기 의아하다. 아니, 완전 실망이다. 우연히 펼친 페이지가 큰애가 걸음마를 배우기 시작할 무렵의 것인데……. 화장이랑 헤어스타일은 유행 탓이라 쳐도 아기를 배로 받치고 있는 이 구부정한 자세는 아무리 보아도 민망하다. 사진이 내 기억을 쳐부수고 있다. 현재로 불려 나온 주관적 젊음이 네모 종이에 박힌 객관적 과거에 망신당하고 있다. 다행히 몇몇 사진은 봐줄 만하다.

쓸쓸히 앨범을 원위치로 돌려놓는다. 체조는 포기하고 노트북을 당겨 켠다. 실물 사진의 결정적 순간까지는 아니지만 마음 사진에도 그와 비슷한 타이밍이란 게 있어서다. 한글을 열어 '사진과 글'이라 제목을 치고 엔터를 쳐 밑에 이름을 쓴다. 이제부터 첫 문장 궁리다.

하릴없이 코를 만진다. 머리칼을 쓸어본다. 괜스레 스마트폰을 집어 들고 사진을 연 순간, 반기듯 눈에 들어온 소금 캔버스 속 검은 능선과 반갑지만은 않은 부스스 아줌마.

가슴을 쓸어내린다. 내가 지금 노트북으로 마음을 찍고 있었기에 망정이지 만약 내가 카메라로 눈앞의 실물을 담고 있었다면? 정말이지 휴우다.

찐달이는
이제 어쩌라고

　서랍들이 들썩인다. 작은 것들은 달캉달캉, 큰 것은 덜컹 끼익 희미한 소리를 내고 있다. 작은 서랍의 틈새에서 연회색 연기가 빠져나온다. 연기는 곧 부드럽고 희박한 구름이 되고 그 속에서 내가 솟아난다. 언니와 손을 잡은 채 저녁거리를 걷고 있는 내 모습. 성문 앞 우물 곁에 서 있는 보리수……. 노래 부르고 있다, 우리. 다른 서랍이 뿜어낸 구름에서는 내가 엄마와 함께 새벽길을 걷는다. 하얗게 서리가 내려앉은 스카이웨이. 엄마가 내 손을 슬그머니 잡는다. 잡고 힘을 준다. 엄마 손의 잼잼은 다른 서랍에도 들어 있다. 둘째의 출산을 앞두고 갑자기 양수가 터지는 바람에 택시를 타고 병원으로 갈 때다. 내 몸에 겹치듯 바싹 앉은 엄마는 손을 쥔 채 말없이 응원을 보냈었다. 남편의 모습이 돋아나는 서랍도 있다. 다급한 얼굴로 다가와 내 손을 감싸 쥐는. 엉겁결에 다리를 부러뜨리고 병원 침대에 다리를 올리고 누워있을 때다.

내가 손잡는 걸 무척 좋아한다. 손잡는 것뿐이랴, 목을 얼싸안고 등을 다독이는 것도 좋아한다. 말하자면 스킨십을, 다솜짓을, 좋아한다는 말씀. 오죽하면 어렸을 적 '찐달이'라 불렸을까. 틈만 나면 들러붙고 기회만 되면 엉겨드는, 하다못해 다리라도 얹어야 안심하는 나를 진저리치며 형제들과 엄마가 놀리듯 붙인 별명이다. 이런 나여서일까. 신문에서 환자의 손 아래위에 놓인 하얀 손을 보는 순간, 가슴이 뭉클 먹먹해졌다.

하얀 손은 따뜻한 물을 채운 의료용 라텍스 장갑이다. 기사 제목대로 '장갑을 쓴 신의 손'. 브라질 상카를루스 시의 빌라 프라도 병원의 한 간호사가 가족들과 떨어져 투병 중인 격리병동 코로나 환자들의 외로움과 불안을 달래주기 위하여 고안해 냈다고 한다. 이 상황과 비할 바는 아니지만 찐달이 내게도 손 잡아주는 간호사에게 따뜻한 위로와 위안을 느낀 경험이 많다. 그러니까 신의 손에 잡혀 은혜를 입던 기억이…….

첫애를 낳을 때는 내가 생각해도 굉장했다. 감기가 심하게 걸려 제왕절개를 부분 마취 상태에서 했는데(내가 그 병원 첫 케이스였다) 간호사 두 명이 오른쪽 왼쪽에서 손을 잡아줬다. 어찌나 안심되던지. 부탁한 건 아니었다. 의사의 조치였다. 그뿐인가, 조금만 참으라며 간호사가 발을 어루만져 준 적도 있다. 위내시경을 받을 때였는데 그 경황없는 상황에서도 눈물 찔끔대며 미안해하던 기억이 난다. 오죽하면 집에 돌아오자마자 '다음부터는 꼭 수면으로'를 다지며 거울에 모습을 비쳐 보기까지 했을까. 내 얼굴이 얼마나 끔찍했으면 간호사가 발을 만져줬을까 싶어서였다. 하지만 상황을 벗어나서인지, 적어도 자기 속임수에만큼은 당하지 않는 분별력을 가져서인지, 이렇게 저렇게 표정을 바꾸어도 측은지심은 일어나지 않았다.

비슷한 경험을 글로 쓴 적도 있다. 등산하다 바위에 쓸린 팔을 치료하러 병원에 갔다 나이에 비해 터무니없이 많은 손등 검버섯을 없애는 이야기로, 제목이 「그 손길을 기분 좋아라 하는 이 마음은 대체 뭘까」(『엄마의 날개옷』, 에세이스트사, 2012)다.

드디어 눈이 가려지고 의사가 검버섯을 도려내기 시작한다. 신중하고 믿음직한 손길로, 역시나 오른손을 먼저 왼손을 나중에. 아픈 것은 아닌데도 자꾸 손이 움찔거려진다. 마음과는 달리 손이 겁을 내고 있나 보다. 간호사가 내 손을 잡아준다. 손길이 다정하고 조심스럽다. 점차 아픔과 겁이 사라져간다. 아니, 세상이 없어지고 있다. 지금 내가 느끼는 것은 낯선 듯하면서도 익숙하고 거북한 듯하면서도 편안한 손의 감촉뿐······. 그런데 이 느낌은 뭐지? 도대체 내가 왜 이러는 거지?

아무리 찐달이라지만, 장기를 도려낸 것도 아니고 겨우 피부과 시술을 받으며 웬 설레발! 하기는 글을 맺으며 내 스스로 인정하기는 했다. 과장법은 스킨십 허기증과 함께 내 갱년기증상의 하나라고. 그랬다, 갱년기는 내 스킨십 역사상 최고 빈곤기였다. 아이들은 아이들대로 남편은 남편대로 집에 붙어있지를 않으니······. 반대로 내 가장 풍요로운 시기는 아이들을 낳아 기를 때였다. 녀석들의 보드라운 볼과 이마에 큼큼한 냄새를 붙이는 짓, 뽀뽀를 서슴지 않은 건 당연하고 첫애 때는 의사로부터 엄중한 주의까지 받았다. 하루 종일 끌어안고 있는 통에 그 여린 피부가 온통 땀띠로 뒤덮였던 것. 그러고 보니 나, 내 죄를 전혀 뉘우치지 않고 있나 보다. 언젠가의 내 모습 그러니까 할머니 된 나를 떠올리며 벌써부터 행복해하고 있으니 말이다.

행복해한다고? 아니, 아니다. 실은 나, 지금 우울하다. 아까부터 머릿속에서 덜컹 끼익 큰 소리를 내는 큰 서랍 때문이다, 코에 줄을 매단 채 힘없이 누워 있는 엄마를 뭉게뭉게 피워 올리고 있는……. 엄마를 만난 게 언제 적 일인지 모르겠다. 코로나19로 면회가 금지된 후로 못 만났으니 벌써 1년도 훌쩍 넘었다. 유리창을 사이에 두고 전화기를 통해 이야기한 적은 있지만 말이다.

아이러니하게도, 줄곧 내리막길을 달리던 스킨십 기회가 부쩍 늘어난 건 엄마가 요양병원에 입원하면서였다. 엄마의 거동이 불편해지면서 내 손이 엄마 몸을 거들 일이 많아졌던 것. 엄마는 더 이상 엄마가 아니었다. 숫제 아기였다. 아무것도 혼자 힘으로는 할 수 없는 아기가 된 엄마는 손을 잡아주면 좋아했다. 안아주면 즐거워하고 뽀뽀하면 행복해했다. 엄마의 얼굴이 화들짝 환해지는 게 증거였다. 당연히 나도 엄마 손을 잡고 감싸 안는 게 좋았다. 엄마 이마에 내가 엄마인 양 입을 맞춰주는 것이 즐겁고 행복했다. 원체도 스킨십을 좋아하는 데다 상대가 엄마라서 더 좋았다. 그런데 그 모든 것이 전면 금지됐다.

코로나19로 중단된 건 엄마와의 스킨십뿐만이 아니었다. 옆 침대의 할머니들과 나누던 쓰잘데기없는 참견과 표정 인사와 기타 등등도 더 이상 할 수 없었다. 제주로 이사 오면서 사귄 동네 할머니들과의 이런저런 왕래도 끝장났다. 할머니들에게 적극적으로 다가간 것은 내 과거와 미래의 모습을 떠올리면서였다. 그러니까 들러붙고 내쳐지기를 거듭하던 어린 찐달이 나부터 스킨십 허기증이 갱년기 증상의 하나라고 설레발치던 중년의 나, 그리고 곧 맞이하게 될 스킨십 전무시대 쭈그렁이 나까지를 머릿속에 그려 보면서……. 새순처럼 어여뻤던 시절에도 거절당하는 판에 나이와 질병으로 낡아져 냄새까지 풍기게 된 나는 오죽하랴 싶었다.

'2차 백신도 맞았겠다, 이제 면회만 허락돼 봐라.'
구름 속 엄마에 눈을 맞추며 마음을 가다듬는다. 아슴푸레 엄마에게 미소를 보내며 준비 완료를, 다짐해 본다. 그런데 잠깐, 방금 들린 이 소리는?
마당에서 나는 이 가느다란 야옹야옹은 얼룩이 새끼들 소리다. 이즈음 유일무이한 내 스킨십 상대들이 대낮부터 집 마당으로 마실 나온 게다. 아니지, 상대란 말엔 어폐가 있다. 내 편에서 호시탐탐 엉덩이라도 다독이고 꼬리라도 만져 볼까, 기회를 노리는 것이니 말이다. 덩치 큰 마당 개 쫑1에서부터 쫑3까지 또 신경질쟁이에 깍쟁이였던 요크셔테리어 해피에게조차 맘껏 찐달이 짓을 하던 나지만 들고양이들과는 어림도 없다. 다가와 종아리에 몸을 비벼대고 내 치마 주위를 빙빙 감아 돌다가도 정작 내가 손을 내밀면 화들짝 물러서기 때문이다. 하기는 나도 안다, 들고양이에게 사람은 너무나도 위험한 존재임을, 쉽게 경계를 푸는 야생은 그만큼 쉽게 다치고 심지어 죽음까지 당할 수 있음을.

 반가운 마음에 벌떡 일어나 마당을 내다본다. 갑자기 이상한 생각이 머리를 스친다. 코로나 사태가 끝나서 할머니들을 자유롭게 만나게 되더라도 이전과 같은 나눔이 가능할까, 싶어진 거다. 할머니들이 내게서 친밀감과 두려움을 동시에 느끼는 것은 아닌지, 얼룩이와 도라와 땡땡이가 내게 그러하듯 말이다. 엄마와도 문제가 있다. 앞으로는 엄마를 만날 때 머리에 두건을 쓰고 코와 입은 마스크로 막고 손에는 흰 라텍스 장갑을 끼어야 하는 건 아닌지. 마치 스파링 상대처럼 서로가 서로에게. 그렇다면 진정한 의미의 스킨십은, 다솜짓은, 앞으로 영원히 끝이라는 말인데? 그럼 나는, 찐달이는 이제 어쩌라고!

이름에 대하여

　세상에나, '파이의 날'이란 게 다 있다. 미국의 한 수학 동아리가 원주율 π를 기념해 만든 날로, 그들은 매년 3월 14일 오후 1시 59분 26초에 모여 π 모양의 파이pie와 파인애플pineapple을 먹고 피나콜라다pina colada를 마시며 π값 외우기와 π 숫자에서 생일 찾아내기 등의 게임과 퀴즈를 한단다.

　칼럼을 읽다 말고 영화 〈파이 이야기〉(감독 이안, 2012)를 떠올린다. 주인공 파이가 무한대 숫자 π를 칠판에(하나로는 모자라 두 개에 이어서) 끝도 없이 써가는 장면이다. 발음 때문에 친구들로부터(심지어 선생님들로부터) 오줌pissing이라 놀림을 받아온 주인공이 11살 되던 해, 자신의 이름 피신 몰리토 파텔(아버지의 절친이자 수영광인 마마지가 파리 여행 중 갔던 너무도 멋진 수영장 이름에서 따왔다)을 줄여 그리스 알파벳 π로 불러줄 것을 그렇게나 정성스럽게 호소한 거다.

이름에 관해서라면, 더욱이 그 발음과 선언에 관해서라면 나도 할 말이 많다. 나는 이름이 둘이다. 부모님이 나를 낳고 호적에 올린 이름, 금순金順과 내가 세상에 나온 후 가족들로부터 줄곧 불려온 이름, 정원晶媛. 문제는 내가 금순이란 이름의 존재를 중학교에 입학할 즈음 처음 알게 되었다는 거다. 입학 준비물을 챙기는데 엄마가 말했다.

"너 이제부터 학교에서 금순이야. 쇠금에 순할 순."

엥? 뜬금없이 무슨……? 잘못 들은 게지 싶어 내가 물었다.

"금순이라니, 엄마, 그게 무슨 말이에요?" 엄마가 말했다.

"실은 호적에 네 이름이 금순이라고 올려져 있거든. 초등학교는 그냥저냥 넘어갔는데 중학교에선 호적에 있는 이름을 써야 한다네. 얘, 금순이란 이름, 정말 좋은 이름이다. 복(돈이라고 했던 것도 같다)이 주렁주렁 붙는 이름이라니까."

정말이지 아닌 밤에 홍두깨였다. 나더러 하루아침에 다른 사람이 되라는 말이니 말이다. 그것도 그 누구도 아닌, 금순이가! 금순은, 언니 인순이나 친구 은순과는 또 달랐다. 일찌감치 '굳세어라 금순아'로 유명세를 떨치고 있는 이름인 데다 내 성씨인 현玄과 어울리면 현금이 되지 않는가! 그것도 100% 순정한.

그러나 결론부터 말하면, 이러한들 저러한들 별수 없었다. 우선, 그 시절 개명이란 게 쉽지 않았다. 다음, 엄마에게도 나름의 애로사항(언니는 인순이고 내가 금순이면서 정원이고 동생은 경원이다)이 있었겠지, 싶은 연민이 때마침 일었다. 말하자면 자포자기해 버린 것. 나란 인간, 일찌감치 금처럼 연하고 순했던 게다.

이후 3 더하기 3 더하기 4, 도합 10년의 학창 시절을 금순이로 살았다. 지금은 동창들을 만날 때 외에는 교회에서도, 동네에서도, 정원이다. 등단도 현정원으로 했다. 익숙한 이름인 데다 해가 셋이나 되는 정晶 자字를, 그 글자의 생김과 의미를, 좋아해서다. 참! 동사무소나 은행 등에서 법적이고 행정적인 일을 볼 때는 지금도 금순이다! 비행기나 배를 탈 때도……!

생각난 김에 개명을 해버릴까, 싶다. 이유는 많다. 일단, 복잡하고 번거로워서다. 정원이란 이름이 예쁘다는 말을 들을 때는 괜스레 낯간지러워진다. 함께 여행하거나 원고료를 송금받을 때 사람들을 놀래는 것도 싫다. 사실 개명 고민이 처음은 아니다. 그건 숫제 문득문득 찾아드는 심심

풀이 우울증이다. 하지만 나는 여직 서류조차 만들어 본 적이 없는데…….

문득, 영화 〈파이 이야기〉의 시작 부분, 파이가 소설가에게 자신의 신神들을 소개하는 모습이 머리를 스친다. 동시에 뭔가 켕기는 느낌……. 지금까지는 개명을 망설이며 미루는 이유가 게을러서라고, 혹은 추진력이 부족해서라고 생각했는데 갑자기 그래서만은 아닌 것도 같다.

파이에게는 신이 많다. 입속에 우주가 들어 있던 크리슈나를 첫 신으로 삼은 이래 친구를 위해 산을 들어 올린 원숭이 신 하누만, 코끼리 머리를 가진 가네샤, 우주 바다를 떠다니며 꿈꾸는 세상 만물의 근원 비슈누 등 그 모두를 믿기로 했기 때문이다. 12살 때는 우연히 예수님을 알게 되고 이어 곧 알라도 맞이한다. 한 번에 3개를 믿는 건 하나도 믿지 않는 것과 같다며 신보다 이성을 믿으라는 아버지의 충고도 소용이 없다. 대학생 때는 유대교까지 받아들인다. 종교는 방이 많은 집과 같다는 게 그의 생각이다. 그러니까 내가 개명을 고민하다 파이의 신들을 떠올리고 순간 마음이 켕겼던 건, 내 주저의 이유가 이름신神 때문은 아닌가, 제 발 저려서다.

파이의 종교의 집에 빗대어 내 집을 상상해 본다. 파이의 집이 애초 방이 많게 설계된 저택이라면 내 집은 여기저기 감실을 만들어 단 원룸이겠다. 그리고 방금, 그 감실 중 하나를 열어 이름신을 확인한 것이겠다. 진리로 자유하지 못하고 꿍치듯 숨겨놓은, 엄마가 '주렁주렁'이란 부사까지 써가며 보증했던, 돈복㊌…….

 그런데 감실이라니! 이름신이라니! 내 가정이 사실이라면 큰일이지 싶다. 돈이나 복은커녕 벌만 왕창 벌어들일 일이기 때문이다. 원룸 거주자가 자신을 질투하는 신이라고 일찌감치 공언한 바 있어서다. 아닌가? 내가 너무 심각한 건가? 개명 고민하다 종교까지 나아가는 건?

 헷갈리기 시작한다. 그나마의 금(돈복)이 떨어져 나갈까봐 금순을 내치지 못하는 게 문제인지 개명을 고민하다 진리와 자유와 질투를 떠올리는 게 문제인지 어지럽기까지 하다.

 하기는 본래 내가 이렇다. 심지가 굳건치 못 한데다 귀까지 얇아 생각은 울쑥불쑥 여기저기로 뻗쳐가고 마음은 휘청낭청 잘도 휘둘린다. 이런 걸 보면 나, 날카롭고 뾰족하고 투명하고 차가운 수정보다는 둔탁 흐릿 물렁한 금쪽인지도 모르겠다. 색 취향은 확실히 금쪽이다. 고흐가 해바라기를 그릴 때 쓴 노랑이나 고갱이 노란 그리스도를 그리며 사용한 금색을 하양이나 보라보다 좋아한다. 아예 그림에 금을 바르는 구스타브 클림트는 얼마나 내 팬심을 자극하던가.

생각해 보면 금순이란 이름이 나쁘지만도 않았다. 내 세대에서는 보기 드물게 예스러운⁽?⁾ 이름인데다 듣는 즉시 금(그것도 순금)이나 돈(그것도 현금)이 떠오르는 바람에 사람들이 잘 기억해줬다. 그리고 또…….

그러고 보니 잊고 있었다! 개명 고민, 이제 끝이라며 해 해거려 놓고는! 봉준호 감독이 〈기생충〉으로 칸영화제에서 황금종려상을 받던 2019년, 신문에서 그 트로피를 보고 내 이름(그러니까 내 두 이름)의 하모니를 감탄하며 그 두 이름, 끝까지 가지고 가는 거다, 다짐한 게 언제라고! 장 콕토가 디자인했다는 황금종려상 트로피는 사각의 천연 수정 받침에 종려나무 줄기와 잎사귀를 18K 금으로 붙여 만든 것으로 금의 따뜻함과 수정의 차가움이 빚어낸 조화가 일품이라는 찬사를 받는다, 했다.

헛웃음을 날리며 신문으로, 파이의 날을 소개하는 칼럼으로, 돌아온다. 불쑥, 청풍김씨 족보에 내가 금순으로 올려져 있다는 생각이 머리를 스친다. 동시에 내 장례식에서 어떤 이름을 써야 할지 설왕설래하는 가족들의 모습이 뭉게뭉게 떠오른다.

허 정말, 이참에 정리해 놓아야 하는 건 아닌지 모르겠다. 똑 부러지게 하나를 골라놓아야 하는 건 아닌지. 이름이란 얼마나 중요한 것이던가, 말이다. 오죽하면 하나님을 첫 대면 한 모세조차 따지듯 묻지 않았던가, 신이신 그분의 이름을 감히.

다시 개명 고민이 원주 위를 걷는다. π의 숫자만큼 그 걸음이 무한 반복될 것 같은 예감과 함께다.

정말로 이렇게 보이시나요?

 책상 위의 책(『여기 있어 황홀하다』, 마리 다리외세크 지음, 임명주 옮김, 에포크, 2020)을 보자 그녀를 처음 만났을 때의 일이 생각난다. 정확히는 그녀의 그림과 마주치던 순간의 내 모습이 떠오른 거겠다. 그때 나, 비스듬히 누워 넷플릭스로 영화(〈파울라〉, 감독 크리스찬 슈뵈초브, 2017)를 보다 벌떡 일어났겠다. 그녀란 영화의 주인공 파울라 모더존 베커이고 그림이란 그녀가 그린 〈여섯 번째 결혼기념일의 자화상〉. 파울라는 31살이라는 젊은 나이에 사망한 독일 출신 여성 화가로, 지식백과는 그녀를 '독일의 표현주의 화가, 짧은 생애였으나 강한 의지로 자신만의 표현법을 만들고자 했다'라고 소개한다.

 나는 놀라 일어났지만 그림의 분위기는 평온하다. 흐릿

한 점이 사방 연속되는 연두색 벽 앞에서 상반신을 드러낸 채 정면을 바라보고 있는 파울라의 표정이 부드럽고 따뜻한 때문이리라. 호박 목걸이를 걸치고 선 그녀의 홍조 머금은 얼굴과 편안히 내려진 어깨와 뾰족하니 솟은 양 가슴과 봉긋한 배 아래위에 놓인 큼직한 손이 발산하는 건강미라니……. 내가 벌떡 일어난 것은 그림이 어디선가 본 듯 낯이 익어서였다. 아니, 그림 속 여인이 바로 나라는 생각이 머리를 스친 때문이었다.

  나는 첫아들을 낳기 전 2번이나 자연 유산했다. 처음은 엉겁결 어떻게 넘어갔지만 두 번째는 심각했다. 죄책감과 절망으로 마음이 저며지고 온통 아기로 머릿속을 채우는 나날을 보냈던 것. 나도 아기를 낳을 수 있을까를 비관하던 당시의 내 눈엔 임신한 여자만 보였다. 자랑스러운 듯 계면쩍은 듯 허리에 손을 받치고 부자연스럽게 걷고 있는 여인의 볼록이 솟은 배에만 눈이 갔다. 그러니 세 번째 임신이 위험기간을 넘겼을 때 내가 거울 앞에 서서 부러 배를 내밀어 비춰보는 건 당연하고도 자연스러운 일이었다. 불러오는 배를 수시로 만지고 쓰다듬고 옷을 걷어 들여다보는 건 숫제 질리지 않는 놀이이자 일과였다. 지금처럼 그때도 그림을 그렸다면 파울라처럼 나도, 거울 속 내 모습을 과장해 그리고 또 그렸을지 모른다.

하지만 영화를 볼 당시에는 〈여섯 번째 결혼기념일의 자화상〉이 '임신 누드 자화상'임을 알지 못했다. 그 그림을 그릴 때까지 영화는, 파울라와 남편 오토 사이엔 첫날밤이 없었던 것으로 그리고 있기 때문이었다. 전 부인 헬레나가 첫날밤 피를 많이 흘려 죽을 뻔한 경험을 갖고 있는 오토는 결혼하고도 파울라와의 부부생활을 미뤘다. 오토의 이런 태도는 둘 사이에 불화를 일으키고 결국 파울라가 결혼 6주년을 기다려 다른 남자와 외도했던 것. 이 그림은 그 직후 그린 것으로(얼마나 임신을 원했으면……), 그림을 완성하고 얼마지 않아 파울라는 오토와 화해하고 임신한다. 그리고 출산 후 사망한다. 해산하다 아내가 죽을까 두려워한 오토의 기우가 현실이 된 것이다.

『여기 있어 황홀하다』를 집어 들고 마리 다리외세크가 파울라의 죽음을 묘사한 페이지를 펼친다. 이 책, 파울라의 전기는 영화를 보고 감동해 샀다.

    출산을 하고 십팔일 만에 드디어 침대 밖으로 나올 수 있었다. 작은 파티를 열기로 했다. …… 파울라가 침대에서 일어났다. 그리고 그대로 고꾸라졌다. 사망 원인은 색전증. 누워만 있어서였다. 쓰러지면서 그녀가 내뱉은 말은 'Schade'. 이 세상에서 그녀가 한 마지막 말이다. '아쉽다'는 뜻이다.

아쉽다. 정말이지 아쉽다. 그림을 그린 10년 정도의 기간에 그녀가 남긴 작품이 드로잉 1,000여 점, 회화 750점이라고 하니 나로선 그녀의 삶이 얼마나 맹렬했을지 짐작조차 할 수 없다. 영화 초반의 장면들에서 진한 동질감을 느낀 게 무안해질 정도다.

파울라가 보르스베데의 예술가 공동체에 들어가 그림을 그리기 시작했을 때의 일이다. 재능이 없다며 프리츠 오버베크에게 모욕을 당하고 있는 파울라에게 그녀의 그림을 들여다보던 미래의 남편 오토가 묻는다. "정말 이렇게 보이시나요?" 영화 중반에도 오토는 이 비슷한 말을 한다. "당신은 이렇게 보는군."

두 장면에서 기시감을 느낀 건 나도 이 비슷한 질문을 받은 적이 있어서였다. 내 글을 읽은 누군가가 영화에서처럼 내게 물었다. "정원 샘, 정원 샘은 정말, 이 상황에서 이런 생각이 들어요?"

아쉬운 것은 내가 파울라처럼 당당하게 '야'라고 말하지 못했다는 것. 살짝 당황하며 우물쭈물, 그나마 다행히 '네'라고 대답한 것으로 기억한다.

페이지를 뒤로 뒤로 넘겨 〈호박목걸이를 한 자화상〉을 들여다본다. 선홍색 젖가슴을 드러낸 채 살짝 옆을 바라보고 있는 그녀의 아름답고 밝고 장난기 넘치는 얼굴과 그녀가 양손에도 들고 모자에도 장식한 유방과 같은 색의 데이지꽃들을…….

나도 이런 대담하고 선 굵은 그림을 그릴 수 있다면 얼마나 좋을까. 하기는 그녀의 자화상에서 내 맘대로 나를 발견한 나였지 않은가. '정말 이렇게'로 엮은 내 맘대로 동지이지 않던가. 아예 그녀의 소망까지 빌려본들 어떠하리.

나지막이 그녀의 소망을 읊조려본다. '이 세상을 떠나기 전 내게 다시 사랑이 찾아오고 좋은 그림 세 점을 그릴 수 있다면 나는 머리에 꽃을 꽂고 웃으며 갈 것'이라는.

뱀장어의 시간

 바닷속을 떠다닌다. 부유浮游는 나의 일. 좌우로 납작한 버들잎 모양의 몸이 물살에 떠밀린다. 작고 무게가 없는 내 몸은 색깔 없이 내장이 훤히 들여다보이게 투명하다. 둥글고 큰 눈은 아무것도 섞이지 않은 순수한 검정이다. 내 몸이 조금씩 자란다. 낮에는 좀 더 높은 곳에서 밤에는 좀 더 낮은 곳에서 나와 비슷한 녀석들과 함께 떠다닐 뿐인데, 하릴없이 입을 벌리고 닫을 뿐인데, 몸이 자꾸 커진다. 급기야 어느 날은 몸이 변하기까지 한다. 나뭇잎처럼 납작하던 몸이 얇은 유리막대 모양으로 바뀌어 버린 것이다. 부피를 갖게 되어서일까. 설렘이 솟구친다. 부유가 아닌, 추진의 충동으로 앞으로 나아간다, 멀리멀리 끝도 없이.

바다를 벗어나 강을 거슬러, 가에 풀이 무성한 고요한 개울로 빠져든다. 바닥에 엎드려 긴 시간을 보낸다. 한기가 느껴진다. 진흙에 몸을 묻고 싶다. 길 너머의 늪을 향해 몸을 뭍으로 끌어올린 순간, 달빛에 온전히 드러난 내 몸! 구불구불 두툼한 황갈색 외피에 스스로 감탄하며 옆구리로 폴짝 내려앉는 개구리를 반사적으로 삼킨다. 세월이 흘러간다. 먹고 기다리는 날들을 반복한다.

진흙에서 자연발생 하는 생명체가 있다고 하면, 그렇게 기적처럼 갑자기 생겨나는 물고기가 뱀장어라고 하면 믿을 사람이 있을까? 그런 주장을 한 사람이 그 누구도 아닌 아리스토텔레스라면? 그뿐인가. 뱀장어가 생식 기관을 통해 알을 낳는다는, 그 당연해 보이는 사실을 18세기 중반이 되어서야 겨우 밝혀냈다고 하면?

뱀장어에 관심을 가져본 적이 없다. 일본에서 지낼 때, 덮밥의 형태로 몇 번 먹어본 적은 있지만 내 입에 맞지 않았다는 기억이 있는 정도다. 맛보다 식감이 싫었던 것 같다. 잘디잔 가시들을 씹는 듯한……. 외모도 맘에 들지 않았다. 뱀을 연상시키는 기다란 몸과 동자가 작은 흐릿한 눈과 만지면 끈적끈적 체액이 묻어날 것만 같은 미끈한 피부라니! 그랬던 내가 책(『삶, 죽음, 그리고 세상에서 가장 신비로운 물고기』, 패트릭 스벤손 지음, 신승미 옮김, 나무의철학, 2021)을 읽고 뱀장어의 신비에, 그 매력에 홀딱 반해버렸다. 녀석에 대해 아무것도 모르고 있음을 아니, 모르고 있음도 모르고 있었음을 부끄러워하면서 말이다. 심지어 나 자신 뱀장어가 되어 강으로 바다로 헤엄쳐 다니기까지 하지 않았던가.

책에 따르면, 지금까지 어떤 인간도 번식하는 뱀장어 그러니까 다른 뱀장어의 난자를 수정시키는 뱀장어를 보지 못했다. 당연히 잡은 뱀장어를 산란하게 만들지도 못했다. 사르가소해가 유럽뱀장어Anguilla anguilla의 부화 장소라고 추정하는 건 그곳에서 버들잎 모양(렙토세팔루스) 유생의 가장 작은 표본이 발견됐기 때문이다. 아무도 왜 뱀장어가 고집스럽게 그곳에서만 번식하는지, 어떻게 뱀장어가 사르가소해로 돌아가는 길고 고된 여정(무려 6,000km)을 견뎌내고 길을 찾는지, 알지 못한다. 또 뱀장어는 번식 직후 죽는 것으로 알려져 있지만 번식지에서 성적으로 성숙한 뱀장어를 본 사람은 없다. 뱀장어의 여러 변태의 목적도, 뱀장어가 얼마나 오래 사는지도, 완전히 알아내지 못했다. 그러니 나의 설레발에는 인간의 한계가 이렇게나 가까운가에 대한 좌절도 어렴풋이 섞여 있을 것이다.

그러나 그 무엇보다 나를 흥분시킨 건 뱀장어가 '원래 정해진 대로 삶이 흘러가지 않으면 모든 것을 보류하고 죽음을 거의 무기한으로 미룬다'는 점이다. 1980년대에 아일랜드에서 연구를 진행하며 사르가소해로 향해 가는 뱀장어들을 다수 잡았는데 그 나이가, 가장 어린 뱀장어는 단 여덟 살인 반면 가장 많은 뱀장어는 쉰일곱 살로, 다양했다고 한다. 이를 통해 뱀장어들이 환경이 맞지 않으면 은뱀장어로의 마지막 변태를 무기한 연기함을 알아낸 것이다. 사르가소해로 돌아갈 여건이 되지 않으면 끈기 있게 생식을 미룸을, 언제까지고…….

 깊은 바닷속을 상상해 본다. 빛도 스미지 않고 물결도 일어나지 않는, 사건도 경험도 기억도 만들어 내지 못하는, 고요한 해저의 시간을 더듬어 본다. 뱀장어를 삶의 마지막 경로로 들어서게 하는 그 신비로운 끌림을 상상해 본다. 그런데 이상도 하지. 검은 바다의 시간이 엉뚱하게 저, 세상 밖의 시간을 소환한다. 엄마의 자궁에 안착하기 전의 내 아득한 시간을……. 푸름이 쌓이고 쌓여 어둠이 된 심연深淵을 뱀장어가 거슬러 오르듯, 푸름이 흩어지고 흩어져 빛이 된 저 천공天空으로부터 내가 떨어져 내리는 거다. 아니, 빈 하늘이란 말 그대로 공허空虛. 그곳 또한 캄캄한 적막이려나?
 의문이 자연스럽게 방향을 바꾼다. 형태 무無의 아무것

도 아니었던 나는 무엇을 어떻게 기다리다 낙하落下를 결심했을까가 궁금해진 거다. 신이 건드렸을까? 엄마가 불렀을까?

 아니지! 뱀장어의 기다림의 시간은 출생 전의 나보다는 소멸 전의 나에게 빗대어야 적합할 것이다. 개체마다 다른 그 두 기다림의 방향이 공통적으로 죽음을 향하고 있기도 하지만 작금의 의료 상황이 노년의 삶을 길게, 조금 과장하자면 무한에 가깝게도, 늘일 수 있기 때문이다. 아닌가, 이것도?

 고개를 저으며 다시 뱀장어로 생각을 돌이킨다, 사르가소해를 향해가는 그 비장한 여정이 여전히 깊은 바다에 숨겨져 있다. 뱀장어는 생명을 향해가며 어쩌면 죽음을 향해가며 결코 서두르거나 속도를 늦추지 않는다고 한다. 더이상 사냥하지도 먹지도 않는다고 한다. 의미심장한 최후가 아닐 수 없다. 사르가소해에 무사히 당도할 뱀장어가 얼마나 될까를 생각하면 더욱 그렇다.

 아닌 게 아니라 낮에 마트에 갔다, 껍질이 벗겨진 채 돌돌 말려 있는 뱀장어를 보았다. 어찌나 마음이 착잡하던지……. 그러나 곧 생각을 고쳐먹었다. 생명을 낳는 일만큼이나 다른 생명을 돕는 일도 의미 있는 일이려니 싶어서다. 또 뱀장어 또한 변태하고 성장하는 과정에서 다른 많은 생명을 필요로 했을 테지 싶어서다. 그렇다면 나는? 과연 나는 생명을 낳고 생명을 돕는 일에 어떠했고 또 어떠한 걸까?

조심스레 이것만이라도 하자, 마음먹는다. 인생의 마지막에 다다랐을 때 배에서 욕심과 음식을 끊어내는, 고요히 기다리다 결연히 먹기를 중단하는, 그런 아름다운 단심丹心을 품는 것만이라도……. 뱀장어처럼.

빛 면에 발 넣기

 빛 면을 본 것이리라. 거실을 가로지르던 녀석이 순간, 얼음 땡이다. 시선은 입식 거울 앞에 쏟아진 네모난 빛에 가 있다. 녀석, 이상하겠지. 이제 겨우 한 달 남짓을 산 신생이지 않은가. 게다가 녀석은 구조자가 풀숲에서 발견한 야생 고양이. 바닥도 벽도 창도 네모난 빛도 얼마나 놀라우랴. 녀석이 다시 움직인다. 슬그머니 거울 쪽으로 다가가 빛에 발을 넣어본다. 그런데 신기도 하지. 빛 면의 윤곽이 점점 옅어지더니 완전히 사라진다. 구름이 지나며 태양을 가린 것이리라. 녀석이 다시 움직이기 시작한다. 거울 쪽을 힐끗 보고는 밥그릇 쪽을 향한다. 나는……. 녀석이 멈췄던 자리에서 상상을 시작한다.

저게 무엇일까? 무척이나 밝은 저것 말이다. 아니지, 나는 이곳이 어디인지조차 모르지 않는가. 사실 내가 아는 건 별로 없다. 하늘에서 물줄기가 끝도 없이 뿜어져 내리던 날, 문득 나는 혼자가 되었고 그게 무섭고 슬퍼 목청껏 울어대다 소리를 내는 커다란 두 발을 만났다는 것 정도? 그랬다. 나는 자석에 끌리듯 두 발에 다가갔고 곧 맨들맨들 털 없는 두 손에 붙들려 올라가 한 얼굴을 마주했다. 순간 내 입에서 흘러나오던 '야아옹'이라니. 안심의 날숨이었다. 이마의 빛 단추 밑에서 햇살처럼 번지고 있는 호기심 어린 미소를 본 때문이었다. 이후에 일어난 일은 뒤죽박죽이다. 온통 혼동이고 혼란이다. 뭔지 모를 것을 타고 어딘지 알 수 없는 곳으로 옮겨가 엄마의 혀와는 다른 것으로 온몸의 털을 말린 뒤 엄마 젖과는 냄새도 맛도 다른 액체로 배를 채우고 형제의 털이 아닌 헝겊을 감고 잠들고…….

지금의 생활이 싫은 건 아니다. 기억이 점점 사라지고 있다는 게 겁날 뿐이다. 익숙했던 체취와 혀의 감촉과 젖 냄새, 뒤엉켜 지내던 형제와의 장난질이 벌써 아물아물하지 않은가. 나를 둘러싼 모든 게 변했다. 얼굴을 간질이고 몸을 막아서던 키 큰 풀들, 복잡미묘한 냄새를 풍기는 흙과 돌멩이들, 불쑥 튀어 올라 걸음을 멈추게 하던 벌레들……. 이곳엔 없다. 공간을 가득 채웠던 각양각색의 음들은 아득히 먼데 소리로만 들리고, 묘한 맛을 가진 축축한 바람은 어쩌다 희미하게 스쳐 지날 뿐이다. 그뿐인가, 이곳에선 모든 게 반듯하고 납작하다. 직선이고 네모다. 당장 내가 발 딛고 선 바닥과 눈앞의 벽을 보라. 큰 네모 작은 네모 긴 네모 짧은 네모 넓은 네모 좁은 네모……. 심지어 내가 먹는 밥도, 일을 보는 흙도 네모다. 조금 전엔 네모로 빛나는 빛도 보았다. 천만다행한 건 그 많은 네모 들이 나를 어쩌지는 않는다는 것.

녀석, 밥을 다 먹었나 보다. 나를 찾는지 여기저기 두리번거리고 있다. 일부러 소리를 내며 앉은뱅이책상을 꺼내 편다. 양반다리로 앉아 책을 펼친다. 녀석이 뛰듯이 빠른 걸음으로 다가온다. 냉큼 내 무릎에 올라와 당연하다는 듯 웅크려 눕는다. 채 한쪽을 읽지 않아 골 골 골 잠으로 빠져드는 녀석.

궁금하다. 상상을 빌어 녀석이 되어 보기도 했지만, 그 역지사지마저 내 언어와 감각에 갇혀 나아가지를 못한다. 녀석, 왜 사람에게 자기를 드러낸 걸까? 정체를 알 수 없는 누군가가 나타나면 뒤돌아 풀숲으로 뛰어드는 게 야생의 본성이지 않은가. 죽음을 느꼈던 걸까? 그래서 뭐든 해봐야 한다고 생각한 걸까? 고개가 저어진다. 태어난 지 얼마나 됐다고. 죽음이 무엇인지 알 리 없다. 배고픔과 외로움과 공포라면 모를까.

죽음과 공포라는 단어가, 갇힌다는 말이, 한 장면을 불러온다. 내 의사와는 상관없이 내 몸을 강제하고 제압하는 어떤 힘의 존재를 번개처럼 깨닫던 그래서 지레 겁을 먹고 자지러질 듯 공포를 느끼던……

초등학교 4학년 때였다. 언니와 TV로 영화를 봤다. 알 수 없는 어쩌면 내가 기억 못 하는 이유로 유람선에 갇힌 사람들의 이야기였다. 생활은 부족한 게 없었다. 호화로운 배 안에서 멋진 옷을 차려입고 맛있는 음식을 먹으며 오락을 즐기는 게 일상인 그들에겐 어려움이 없었다. 그날도 파티가 열렸다. 드레스 차림으로 담소를 나누는 아름다운 여자에게, 댄스를 즐기는 무리를 헤치며 한 남자가 다가왔다. 남자가 여자의 귀에 은밀히 속삭였다. "제임스가 어제 불려 갔대요." 여자의 얼굴이 즉각 어두워졌다. "다음은 누구 차례일까요?" 남자가 말했다. "글쎄요, 누구일까요? 에이미일 거라고 추측들 하기는 하던데."

갑자기 섬뜩했다. '낯선 사람 따라가면 다시는 집에 못 돌아온다'는 엄마의 협박성 주의가 뇌리를 스치며 '불려 간다'는 말의 의미를 알 것 같았다. 그건 이전으로 돌이킬 수 없는 상태가 되는 것이었다. 영 돌아올 수 없거나 마음과 몸이 변해버리거나……. 옆에 있는 언니에게 물었다. "언니, 저 사람들, 언제 끌려갈지 모르는데 어떻게 저렇게 태평하지? 춤도 추고 밥도 먹고 웃고 까불고?" 언니가 대답했다. "우리 사는 거랑 똑같지 뭐. 언제가 될지 몰라서 그렇지 결국은 우리도 다 죽잖아. 죽는 거 다 알면서도 밥도 먹고 학교도 가고, 계획 세워가며 잘도 살잖아."

번개에 쪼개지듯 놀랐다. 사람이 죽는다는 것, 나 역시도 어느 날 죽는다는 것, 알고 있었을 텐데도 그랬다. 그대로 일어나 내 방으로 갔다. 며칠을 몸살처럼 앓았다. 후유증이 있었다. 심장 근처에 뭔가가 씨처럼 뭉쳐졌던 것. 그 씨가 서서히 뿌리라도 내린 걸까? 싹이 자라 울쑥불쑥 뭉툭한 꽃을 피우다 어수룩한 열매라도 맺은 걸까? 고등학교 졸업 즈음 나는, 어설픈 에피쿠로스 추종자가 되어 있었다.

어차피 죽을 거면 욕심을 부리거나 치열할 이유가 없지 싶었다. 있을지 없을지 모를 미래를 위해 자신을 볶아대고, 주변 사람들을 힘들게 할 필요가. 그렇다고 대충 살 수는 없었다. 생각보다 아주 오래 살 수 있어서였다. 사는 동안은 즐겁고 행복하고 싶은데 경험상 행복은 잘하고 잘 지낼 때 얻어진 때문이었다. 순간순간 힘껏 성실히 부끄럽지 않게 살자, 싶었다. 비열하고 치사하고 아니꼬운 짓? 거짓부렁으로 마음과 이름을 더럽히는 짓거리? 오우, 노우였다. 떠나고 난 자리에서 악취가 풍기는 건 상상만으로도 싫었다, 향기라면 모를까. 자기만 좋자고 옳지 않은 짓 하는 건 사후, 어떤 세상이 펼쳐질지 알 수 없는 판국에 위험한 일이기도 했다. 선인들 말하길, 심판으로 영원히 살 곳이 정해진다고 했다. 업을 가지고 다시 태어난다고도 했다.

  녀석이 갑자기 야옹, 하며 몸을 떤다. 조금 우습지 않은가, 얼마나 살았다고 조그만 게 꿈까지 꾸고. 꿈꿀 건더기, 있기나 할까. 어쩌면 그날, 어미를 잃어버리고 헤매던 날, 무섭게 쏟아져 내리던 비의 차가움과 무게와 감촉을 다시 느끼고 있는 건지도 모르겠다. 자박자박 소리 내며 다가오던 발소리를 다시 듣고 있는 건지도.
  선뜻, 좌우를 살핀다. 그녀가 옆에 있기라도 한 양 얼굴을 붉히면서다. 어릴 적 일을 돌아보다 무심코 그녀가 알면 서운해할 단어를 떠올렸다. 유괴라니, 납치라니! 내게 임시 보호를 부탁하며 그녀, 말하지 않았던가. 오들오들 떨고 있는 고양이를 보고도 사람 손을 탄 새끼는 어미가 돌보지 않는다는 말이 생각나 바라만 봤다고. 집에 들어와서도 걱정이 되어 다시 가보니 고양이가 여전히 울고 있었다고. 자기가 안 것만도 3시간, 내버려 두면 빗속에서 그 어린 게 죽을 것 같아 구조할 수밖에 없었다고, 밤새 핫팩으로 몸을 데워주었다고…….

 언제 깼을까. 녀석이 뭔가를 본 듯 내 무릎을 벗어나 앞으로 나아간다. 빛 면이다. 녀석이 길고 폭이 좁은 평행사변형 빛살을 향해 걷고 있다. 블라인드 틈새로 들어온 빛이 연속 문양을 그리고 있는 벽면을 향해. 문득, 녀석이 야행 세계에서 주행 세계로 옮겨왔다는 생각이 머리를 스친다. 어쩌면 어둠에서 빛으로, 죽음에서 삶으로. 장마 폭우를 의례처럼 통과해……. 아닌가? 과정과 의미 같은 것 도통 알 수 없고 당장 맞닥뜨릴 일 짐작도 못 한 채 그저 공황 상태에서 발을 내디뎌 본 것뿐일까, 빛 쪽으로? 하기는 나도 그랬다. 내 의지와는 상관없이 순간 미끄러지고 우연히 메시지를 봤을 뿐인데 뼈가 부서지고 마음이 산산조각 났었다. 즉각 내 방이 아닌 병실로 옮겨지고 이전과는 다른 분별에 가닿았다. 고통과 불면이 부유하는, 좀 더 진실에 가까운 쪽으로. 그러고 보니 나는 녀석이 죽음과도 같은 경계를 넘어 당도한 새 세계의 첫 안내자?

 다가가 녀석을 들어 올려 안는다. 녀석의 칼눈이 좁아졌다 넓어졌다 흔들리고 있다. 가만히 녀석의 앞발을 잡아 벽의 빛 면에, 빛살에 넣어본다. 방으로, 안으로 숨어든 어릴 적 나오는 달리 용감하게 밖으로, 빛으로 발을 내민 녀석의 앞날이 좋고 따뜻하기를 빌면서다. 녀석을 감싼 또 다가와 감쌀 네모 네모가 녀석이 알든 모르든 환하고 안전한 것이기를 바라면서다.

동네 여행

오늘도 언덕을 내려간다. 이제 일주도로만 건너면 바로 바다, 가까이 스노클링장으로 사용하는 옥색 바다로 시작해 멀리 비양도를 모자처럼 띄우고 있는 검푸른 바다다.

이즈음 내겐 동네 산책이 여행이다. 코로나19로 외출조차 자유롭지 않은 상황에 내 마을이 사람들이 즐겨 찾는 곳이라는 건 얼마나 신나는 일인지! 마치 내가 여행객인 양 관광객 무리에, 평소라면 질색했을 즐거운 인파에, 섞여 들 수 있기 때문이다. 하지만 내가 해 질 녘 집을 나서는 건 관광하고 싶거나 사람들이 그리워서는 아니다. 당연한 이야기지만 바다는 날마다 풍경을 바꾼다. 어디 바다뿐이랴. 바다에 맞닿아 있는 하늘도 구름도, 태양과 파도도, 또 바닷가의 풀과 꽃과 고양이와 개와 벌레들과 사람도 끊임없이 분위기와 색을 바꾼다. 그러니까 나는 볼 때마다 새로운 풍광 속에 스며들어 내 가슴을 부풀리고 두드려 보고 싶은 거다. 낙양이 물들인 붉은 공간에 내 마음을 아래로 위 좌우 옆으로 당기고 오므리고 날리고 눕히고 싶은 거다.

울퉁불퉁 검은 해변을 오른편에 두고 걷다 앉을 곳을 찾는다. 수평선이 정면으로 보이는 방파제에 자리를 잡고 앉아 수첩을 뒤적인다. 해풍에 머리칼과 옷을 적시며 저녁놀에 마음을 물들이며 몇 줄 끼적이곤 하는 작은 공책 아무 데나 열어 남의 글인 양 작은 소리로 적힌 문장을 읽는다.

해변에 흩어져 쓰레기를 줍는 사람들을 보았다. 숙연해졌다. 고개를 돌리다 덩치 큰 개와 눈이 마주쳤다. 엉뚱하게 녀석은 'ㅇㅅㅇ학교' 스티커가 붙은 차의 운전석에 앉아 있었다. 녀석의 서글서글한 눈매가 잠시 전 만난 그녀의 얼굴을 떠올렸다. 밤새 잠을 못 잤다며 이야기를 시작하자마자 금세 눈물로 그렁해지던. 그러니까 동물 돌보미를 자처하는 그녀의 눈망울이…….

그녀가 구조한 어린 유기견이 사고로 죽었다고 했다. 성한 곳이 없다며 의사마저 안락사를 권한, 채 1살도 되지 않은 강아지를 살려내 미국 입양까지 성사했는데 비행기 타기 바로 전날인 어제, 임시 보호자의 집에서 사고를 당한 거였다. 컨디션이 좋지 않은 듯해 울타리 안에 혼자 두었는데, 다른 개 친구들과 어울리고 싶은 녀석이 울타리를 넘으려다 목줄에 제 목이 졸린 거였다.

   황현산 산문집 『밤이 선생이다』(「과거도 착취 당한다」, 난다, 2013)에서 읽은 문장이 생각났다. 어떤 사람에게는 눈앞의 보자기만 한 시간이 현재이지만, 어떤 사람에게는 조선시대 노비들이 당했던 고통도 현재라는. 미학적이건 정치적이건 한 사람이 지닌 감수성의 질은 그 사람의 현재가 얼마나 두텁냐에 따라 가늠될 것만 같다는.

   남편과 제주 시내에 볼일이 있었다. 집에 돌아오는 길, 하늘이 심상치 않았다. 구름이 너무 멋졌다. U자 모양의 거대한 깃털 구름 안에 푸른 하늘이 담겨 있는 형상이라니!

   집에 도착하자마자 빨래만 개놓고 포구로 달려 나갔다. 붉은 해가 바다로 빠져들고 있었다. 하늘에서는 거대한 붉은 깃털들 아니, 무지막지 커다란 날개가 하늘을 날고 있었다. 갑자기 내가 지금 존재한다는 것이 가슴 벅차게 느껴졌다. 완벽한 시간 속에 있다는 감각이 뭉클, 가슴을 쳤다. 나 자신 두둥실 가벼워져 구름 속으로 들어간 느낌. 아니, 구름이 되어버린 듯한…… 조금 전의 다툼이 하찮게 느껴졌다. 남편에게 나 잘났다, 너 못났다, 우겼던 것이.

바다를 향해 앉아 파랗게 짙어가는 하늘을 오래오래 바라봤다. 내가 끌리고 사랑하는 것은 바다 그 자체가 아니라 바다와 맞붙은 파스텔톤 하늘임이 깨달아졌다. 해가 사라지고 어둠이 섞여들기 시작할 무렵의 하늘빛임이!

어느새 크고 작은 등불이 길게 수평선을 따라 불을 밝히고 있었다. 듣기로는 더 멀리 있는 것은 갈치잡이 배, 그보다 가까운 것은 한치잡이 배였다. 먹고 사는 일도 바다에서는 아니, 파랗고 검은 하늘 아래에서는 마법이었다.

점심 식사 후, 한림 오일장에 가는 길이었다. 우회전하며 자연스레 바다 쪽을 바라볼 때였다. 오마나, 세상에! 벌써 바다에 사람들이 많았다. 스노클링을 하거나 튜브 배에 선 채 노를 젓거나 헤엄을 치는 사람들이! 그러고 보니 색색의 텐트도 여러 개 세워져 있었다.

일찌감치 저녁 준비를 해놓고 집을 나섰다. 멀찍이서 코는 미리미리 바다를 반기는데, 비양도가 감쪽같이 사라져 보이지 않았다. 태양도 전혀. 사람들도 물러가 스노클링장엔 다이빙하는 청년들만 몇 남아 있었다. 섬을, 태양을, 삼켜버리는 것은 종종 보았지만 해무가 사람마저 쫓아 버릴 줄이야!

고양이와 눈이 마주친 것은 맑은 물속을 분주히 오가는 검고 조그만 물고기들을 쪼그려 앉아 들여다볼 때였다. 그러니까 숭어가 튀어 오를 때마다 일어나 카메라 셔터를 눌러댈 때. 해변의 비탈면에 매달리듯 얼룩무늬 고양이가 붙어있었다. 그런데 그 눈매 순한 고양이의 움직임이 이상했다. 엉덩이 밑에 깔고 있는 게 얼핏 꼬리인 줄 알았는데……? 심하게 다친 다리인 것도 같았다. 한참을 바라봤지만 난 아무것도 해줄 수가 없었다.

허름해서 사랑스러운 돌집들을 지나치며, 돌 사이사이 해풍을 품고 지붕 갈피갈피 노을을 머금은 올레를 구불구불 걸으며, 나는 마음을 시달렸다.

어젯밤 자다 말고 양쪽 다리에 쥐가 났다. 끔찍했다. 꼼짝도 할 수 없었다. 한쪽 다리에 쥐가 난 적은 있지만, 양다리에 동시에 나 보기는 처음이었다.

아침에 일어나자 양쪽 발목이 뒤쪽에서 당겼다. 운동 부족이라는 생각이 들었다. 특히 어제는 하루 종일 책만 읽지 않았던가, 집안일 하는 시간만 제외하고. 또 잠깐 마당 텃밭에서 잡초 뽑은 시간도 빼고.

내 맘을 사로잡았던 건 토니 모리슨의 『빌러비드』(최인자 옮김, 문학동네, 2014). 미국 남북전쟁 직후의 흑인 문제를 다른 책이었다. 너무도 사랑하기 때문에 자신이 낳은 아기를 죽이고, 아기는 귀신이 되어 엄마에게 집착하는 조금은 환영 같은 이야기.

아들의 돈(노동)으로 자유를 얻은 주인공의 시어머니가 말년에 바깥 활동을 접고 색채를 명상하는 부분에선 오래 멈췄었다. 이즈음 부쩍 파란색을 좋아하게 된 나 자신을 겹쳐보면서였다. 그녀가 명상한 첫 색 파랑이 내가 좋아하는 것과 같은 것인지 궁금했던 것. 그것이 낮의 빛을 내주고 밤의 빛으로 짙어져 가던 하늘이 잠시 잠깐 만들어 내는 진하디진한 파랑 그러니까 노을로 붉어진 하늘이 밤바다가 뿜어낸 파랑으로 다시 물들다 어느 순간 딱 맞춤 다 다른 남빛 파랑인지 알고 싶었다.

벗은 몸 입기

아들이 스마트폰을 내민다. 요즘 시간이 날 때 미술사와 관련해 글을 쓰고 있다는 말과 함께다. 폰을 받아 들고 화면을 들여다본다. 마르셀 뒤샹이다. 아들에게 엄지를 올려 주고 글을 읽는다.

눈이 흠칫 커진다. 올려놓은 작품 사진 중 괴이한 것이 있어서다. 방 하나 크기로 구성한 뒤샹의 마지막 디오라마, 세상을 떠나기 전 이 작품의 존재를 알았던 사람이 단 네 명이었을 정도로 비밀리에 작업을 진행했다는 〈에탕 도네〉다. '주어진: 1. 폭포, 2. 가스등'으로 해석된다는 이 작품에 내가 과민 반응하는 것은 아마도 제 발 저려서겠다.

내 글쓰기를 천천히 옷을 벗는 작업이라고 생각한 적이 있다. 많은 사람 앞에서 하는 진지한 누드 공연이라고……. 지극히 개인적인 경험과 생각을 글감 삼는 나의 글쓰기 방식이 마치 옷을 벗어 맨몸을 있는 그대로 드러내는 것 같아서였다. 부끄러웠던 게다.

누드라 표현한 것은 존 버거의 『다른 방식으로 보기』(최민 옮김, 열화당, 2012)의 영향이었다. 그는 누드nude가 벌거벗은 몸naked과 다르다고 말한다. 아무것도 숨기지 않는 벌거벗은 몸과 달리 누드는 시선의 대상이 됨으로써 그 몸을 이용하도록 자극하는 또 다른 형식의 복장(벗은 몸)을 입는 것이란다. 그러니까 내 글쓰기를 옷 벗는 작업이라고 말하며 그것을 누드 공연이라 덧붙인 것은 내 경우, 경험한 일을 혹은 겪은 사건을 가감 없이 있는 그대로 쓰는 게 불가능함을 자인해서다. 노력은 하지만 글 속 인물들에게 절대 공정하기도, 정황 묘사에 완전 사실적이기도, 쉽지 않음을 나는 안다. 편파적으로 재조립되곤 하는 기억과 곧잘 빠져드는 상상과 공상이 얼마나 자주 사실을 왜곡시키는지를.

그런데 어느 날 뜻밖의 일이 생겼다. 우연히 책(『사람, 장소, 환대』, 김현경 지음, 문학과지성사, 2015)을 읽다 '아무것도 걸치지 않은 순수한 몸은 사람의 몸이 아니다'(『젠더 트러블』, 주디스 버틀러 지음, 조현준 옮김, 문학동네, 2008)라는 문장을 발견한 것. 순간, 눈앞에서 반짝 일어나던 섬광이라니! 머릿속에선 벌거벗은 몸에 하나둘 무언가를 걸치며 진정한 의미의 누군가가, 유일하고 고유한 몸이, 되어 가는 나 자신이 그려지고 있었다. 실마리를 찾은 느낌이 들었다. 옷 벗기라는 표현을 우세스러워하던 차에 맞춤한 돌파구를 찾은 기분이…….

생각해 보면, 얼기설기 글 뼈대를 세워놓고 거기서부터 천천히 조금씩 생각과 논리를 발전시켜 나가는, 또 그 뼈대에 에피소드를 붙이거나 떼어내며 하고 싶은 말을 다듬어 가는, 내 글쓰기 방식은 옷 벗기보다는 오히려 옷 입기 작업인지도 몰랐다. 엉성하기 그지없는 초고와 그보다는 많이 나은 완성작 사이의 터무니 없을 정도의 차이가 그것을 증명했다. 그때부터였다. 실제로 묻는 사람은 없었지만 내 글쓰기를, 과거로부터 불러낸 에피소드를 새롭게 통과하며 또 지나가고 있거나 다가올 시간을 늘리고 당겨 살며, 뭣도 모르는 천둥벌거숭이 나를 제법 그럴듯한 무언가로 창작해 가는 과정이라고 스스로 말하기 시작한 것은.

이런 나였으니 벌거벗은 몸을 보는 순간 또 안을 들여다보는 눈구멍을 보는 순간, 마음이 졸아붙는 건 당연했다.

아들에게 잘했네, 칭찬하며 스마트폰을 돌려준다. 혼자 있게 되자마자 내 폰으로 〈에탕 도네〉를 검색해 사진을 들여다본다.

낡은 나무 문에 두 개의 구멍이 있다. 구멍으로 안을 들여다보면 눈앞에 이상한 전경이 펼쳐진다. 앞쪽으로 마른 나뭇가지 위에 벌거벗은 여인(돼지껍질로 만들었다고 한다)이 다리를 벌린 자세로 누워 있고 뒤쪽의 벽면에는 시원하게 물이 떨어지고 있는 포토콜라주가 배경처럼 걸려있다. 여인의 손에는 가스등이 들려있다.

나 자신, 〈에탕 도네〉 앞에 서는 상상을 해본다. 조심스레 구멍에 눈을 갖다 댄다. 글쓰기를 옷을 벗고 입는 것에 빗댄 사람이라면 의당 엿봄을 당하는 편이 되어야겠지만 망측한 여인의 자세가 나를 작가보다는 독자의 입장이 되게 한다.

여인의 가슴과 배가 보인다. 음부와 왼쪽 넓적다리와 왼팔과 손도 볼 수 있다. 그리고 손에 들린 가스등과 배경처럼 펼쳐진 폭포도……. 여인의 얼굴과 오른팔과 두 발은 이리저리 노력해 보지만 볼 수가 없다.

과연 그렇다는 생각이 머리를 스친다. 나 또한 작가가 의도한 것들을 곧잘 놓치지 않던가. 작가의 깊이에까지 가 닿지 못하지 않던가. 지력, 상상력, 동감 능력 등 나 자신의 한계에 가로막혀서다. 내가 가진 문학적 예술적 소양이 구멍만큼이나 옹졸해서…….

그런데 여인은 왜 하필 손에 가스등을 들고 있는 걸까? 어둠에 묻혀버린 자기 모습을 조금이나마 환히 드러내고 싶은 걸까? 숨겨진 의미와 생각과 이미지를 선명하게 밝히고 싶은 걸까? 그렇다면 흘러내리고 있는 폭포는 무엇을 의미할까? 폭포는 곧잘 올곧음이나 힘참, 맞섬 등을 상징하니까, 변함없이 지속하는 그 무엇을 나타내곤 하니까?

잘 모르겠다. '주어진' 1과 2로 폭포와 가스등이 제시된 것을 보면 이 둘을 알아야 작품을 제대로 이해할 수 있지 싶은데……. 다시 스마트폰을 집어 들고 〈에탕 도네〉를 검색한다. 이 신문 저 블로그를 돌아다니다 벌거벗은 여인이 가스등 대신 연필을 쥐고 있는 컬러 사진을 발견한다. 그러고 보니 〈에탕 도네〉가 글쓰기와 관련되어 있다는 설명은 지금껏 본 적이 없었다! 그러니까 내가, 이 컬러 사진을 보지 않은 상태에서 관람자를 독자로 환치한 것은 작가의 의도를 꿰뚫은 통찰? 뭔가 뻐기는 마음이 되어 블로그(임근준(이정우)/leftovers of t…)의 설명을 꼼꼼히 읽어본다. 그러다 허걱 놀란다!

펜슬과 페니스는 라틴어로 어원이 같단다. 그러니까 여인이 들고 있는 가스등은 페니스를 상징하고 폭포는 정력적으로 솟구쳐 나오는 남성의 체액 그러니까…….

한숨이 나온다. 뒤샹이 왜 그런 작업을 했는지, 〈에탕 도네〉를 통해 그가 말하고 싶은 것이 무엇인지, 알 수 없어서가 아니다. 아니, 그도 그렇지만 더 큰 이유는 내 글쓰기가, 천둥벌거숭이가 복장을 갖추어 나가는 과정이든 반대로 하나씩 벗으며 누드가 되어 가는 과정이든, 속살 보이기를 면치 못한다는 자괴감 때문이다. 또 그럼에도 불구하고 방금 노트북을 연 때문이다. 이런 어이없는 에피소드도 글감이랍시고 활자를 두들기기 시작했기 때문…….

그래, 부끄러워도 어쩔 수 없다. 내게 글쓰기는 벌거숭이의 옷 입기다. 벗은 몸 입기.

무기를 씻다

 방금 〈삼도수군통제영〉의 입장권을 샀다. 1603년에 설치되어 1895년 폐영될 때까지 292년간 경상·전라·충청의 삼도 수군을 지휘하던 본영이다. 초대 통제사는 너무도 존경하는 충무공 이순신. 매표소 옆에서 안내판을 발견한다. 와아, 옛 지도가 예뻐도 너무 예쁘다! 보랏빛 도는 파란 해안선은 물 느낌이 흠씬 나고 분홍색으로 물든 평지의 집들은 올망졸망 귀엽다. 바다보다 진한 남색 산들에는 얼기설기 나뭇가지들도 보인다. 홀린 듯 지도에 바싹 다가간다. 관광 지도에서 보거나 박경리 소설에서 읽은 지명들이 하나둘 눈에 띈다. 그러니까 남망산南望山이라든가 공주拱珠섬 같은.

그런데 배가 있다! 한산대첩 광장으로 짐작되는 곳 앞에 큰 배가 하나 둘 셋⋯⋯ 일곱 척? 양옆과 뒤로는 작은 배들이 어림잡아⋯⋯ 스무 척? 강구안에는 대형 거북선도 네 척 떠 있다. 지도 보는 게 점점 재미있어진다. 중앙 위쪽 삼각 모양 성곽을 눈으로 좇다, 아예 붉은 선으로 그려진 지도 속 길을 따라 눈으로 걷는다. 목적지는 세병관洗兵館이다.

어젯밤 통영에 왔다. 위드 코로나With Corona, 단계적 일상 회복이라는 정부 지침이 나오자마자 미뤄둔 일을 핑계로 부산행 비행기를 탔다. 얼마만의 섬(제주) 탈출이고 호텔 숙박인지⋯⋯. 외식마저 오랜만이다. 통영은 이왕 나선 김에 들렀다. 세병관은 조금 전 박경리문학관을 관람하다 알게 돼 왔고. 선생님을 소개하는 영상을 보다 '세병관에서 눈물을 흘렸다'고 하는 장면에서 마음이 쿵 울렸던 것. 전쟁을 끝내고 창과 칼에 묻은 피를 씻는 감동이 내게 스민 거였다. 하지만 이어지는 영상에서 그 규모에 압도당하셨다고 말씀하시는 것을 보면 내 마음의 울림과 선생님의 눈물의 의미가 조금 다른 것일 수도 있겠다. 아무튼 〈삼도수군통제영〉에 온 것은 세병관이 궁금해서다. 골치 아픈 일, 뒷전으로 미루고 목하 여행을 즐기다 발길이 닿은 것이기도 하고.

세병관을 향해 계단을 오른다. 아쉽게도 세병관은 내가 상상한 피 묻은 칼과 창을 씻는 장소는 아니었다. 계단 옆 안내판에서 세병관이 국보 제305호로 통제영의 객사客舍였음을 알게 된 것. 세병이 만하세병挽河洗兵(은하수를 끌어와 병기를 씻는다)에서 따왔다는 설명을 읽을 때는 살짝 의아했다. 피와 눈물이, 전쟁이, 그렇게나 아름다운 것으로 씻어질까, 싶어서였다.

와아, 지과문止戈門을 통과하자마자 눈앞에 맞닥뜨린 현판이 정말 크다. 당연히 세병관이라 쓴 담백 호방한 글씨도 무지무지 크다. 건물의 규모가 엄청나게 큰 건 당근. 그 웅장한 위용에 괜스레 신이 나 세병관을 향해 뛰듯이 걷는다. 벽과 기둥과 처마의 노란색과 붉은색과 초록색의 조화를 흐뭇하게 음미하면서다. 댓돌에 신발을 벗어놓고 마루로 올라선다. 장대석 기단 위에 단층 팔작집으로 지어진 세병관은 정면 9칸 측면 5칸의 9량 구조로 경복궁 경회루, 여수 진남관과 함께 현재 남아 있는 조선시대 건축물 중 바닥 면적이 가장 넓은 건물이라고 한다. 그래서인지 지금껏 보아왔던 궁궐과는 사뭇 느낌이 다르다. 궁궐에서 어둡고 답답하고 좁다는 느낌을 받았다면 세병관에서는 밝고 시원하고 활달한 에너지를 느낀 것. 어쩌면 벽체나 창호 없이 사방팔방 트여있어서인지도 모른다.

눈을 어디에 두어야 할지 모르겠다. 사방의 벽과 천정이 온통 색과 그림과 글씨여서다. 감탄사를 연발하며 둘러보다 유럽 여행하다 본 시스티나 성당의 천장화들을 떠올린다. 정말이지 이 순간만큼은 그것들이 부럽지 않다. 멀리 또 높이 있던 그 그림들로부터는 지금 내 눈앞의 이 아기자기하고 고풍스러운 그림들에서만큼 직관적인 감동을 받지 못했다. 특히 안쪽 중앙 3칸 천정(한 단을 올려 3면에 문을 달아 꾸몄다)의 소란반자 단청은 어찌나 정교하고 단아한지……. 그림과 글씨뿐이 아니다. 부드러운 곡선으로 우뚝 선 이 민흘림기둥들은 또 얼마나 우람하고 당당한지……. 이 멋진 기둥이 세병관에 50개나 있는 거다. 기둥을 쓰다듬고 두 팔로 안아보다 일부러 건물 정 가운데를 찾아 자리를 잡고 앉는다. '창(전쟁)을 멈춘다'라는 의미이지 싶은 지과문止戈門에 한참을 멍때리다 수첩을 꺼내 박경리 문학관에서 옮겨 쓴 문장을 눈으로 읽는다.

사랑이라는 것이, 가장 순수하고 밀도도 짙은 것은 연민이에요. 연민, 연민이라는 것은 불쌍한 데에 대한 것, 말하자면 허덕이고 못 먹는 것에 대한 것, 또 생명이 가려고 하는 것에 대한 설명이 없는 아픔이거든요. 그것에 대해 아파하는 마음. 이것이 사랑이에요. 가장 숭고한 사랑이에요.

전쟁을 준비하는 통제영 첫 문을 지과라 짓고 본영을 세병이라 이름 붙인 건 승리보다 전쟁이 일어나지 않기를, 어서 끝나기를, 바라서이리라. 그러니까 허덕이고 못 먹는 백성을 아파하는, 순수하고 밀도 짙게 생명을 연민하는, 사랑의 마음……. 과연 충무공 이순신을 기념하는 곳으로서의 이름답다. 숙연해져 수첩을 가방에 집어넣는다. 엄숙히 엉덩이를 털고 얌전히 신발을 찾아 신는다. 세심히 이런저런 공방을 둘러보고 천천히 통제영 창건 당시 심었다는 수령 400년이 넘은 느티나무 앞도 서성여 본다. 다시 세병관을 지나는데 눈이 화들짝 뜨인다. 용을 표현한 것이지 싶은 수막새가 내 눈에 조악해서다. 언젠가 책에서 보았던, 같은 형태 같은 문양의 7, 8세기경 것은 얼마나 섬세했던가. 아쉬운 마음에 일부러 세병관을 크게 돌며 지붕 각 귀의 수막새들을 확인한다. 모두 같은 솜씨다, 공장에서 찍어낸 상품처럼. 웅얼웅얼 퉁퉁대며 통제사비군統制使碑群을 지난다.

이런, 저 비 좀 보게나! 송덕頌德을 저렇듯 우습게 해도 되는 건지 모르겠다. 용 같지 않은 용(몸은 분명 용인데 눈, 특히 이빨과 입술이 완전 사람의 것이다)이 서로 마주 보고 껄껄껄 웃고 있다. 이상한 것은 어느새 아니, 이미 나까지 웃고 있다는 것. 순간, 나 자신 지과止戈하자는 생각이 머리를 스친다. 아니,

세병洗兵하자는. 판단력도 흐려지고 기억력도 옅어진, 호텔 조식도 마감 직전 간당간당 먹을 정도로 느려터진 내가 아직도 따질 게 있나 싶어진 거다. 일테면 시시비비니 정색이니 반성 같은 경직되고 질척한 것들을 씻어내 내 무기를 가볍게 하자는, 주변을 미소 짓게 하는 유머와 융통성으로 내 병기를 연마해 유연하게 만들자는, 당장 뒷전으로 미뤄둔 부산 일부터…….

눈꼬리에 물기를 느끼며 하늘을 향해 웃어본다, 송덕비의 용처럼 이를 내보이며 하하하, 또 누구보다 자기 자신을 연민하는 나를 향해 히히히.

불쑥, 전쟁 7년, 그 혹독한 세월을 어떻게들 견뎠을지 아연해 진다, 코로나 2년도 이렇게나 힘든데.

우리가 선택한 기억

 카페의 문을 민다. 그녀와 눈이 마주친다. 무슨 일이 있는 걸까? 빨리 만나고 싶다 할 때부터 그녀답지 않다, 생각했는데 약속 시간보다 일찍 나와 혼자 차를 마시고 있다. 그것도 문을 마주 보고 앉아……. 손을 흔들며 그녀에게 다가간다. 가방을 내려놓으려는데 그녀가 소지품을 챙기며 말한다. "자리를 옮기는 게 좋겠어. 구석진 곳으로. 할 말이 많아서 말이지." 그녀가 읽고 있던 책을 가슴에 안는다. 책 표지의, 별 모양 꽃을 향해 앉은 보라색 고양이가 내 마당을 오가는 녀석들을 떠올린다. 동네 빈터를 터전 삼아 사는 들고양이들…….
 "거짓말쟁이가 아니면 정신병자구나 싶었대." 뜬금없이

이 무슨? 자리에 앉자마자 내가 펄쩍 뛰듯 묻는다. "네? 누가요? 선배보고요?" "응, 동생이 나더러. 지난번 아버지에 대해 쓴 글 있잖아. 그걸 읽었나 봐. 자기가 기억하는 아버지랑 내가 글에 묘사한 아버지가 너무 다르대, 어찌나 화가 나던지 끝까지 읽을 수가 없었다나. 내가 자신을 속이거나 남을 속이고 있는 거래." "정말요? 그렇게까지?" 내 목소리가 높았던지 그녀가 옆자리를 살피며 나직이 말한다. "응, 동생은 아버지가 자기만 아는 그냥, 나쁜 사람이었다는 거야." "근데 선배, 제 기억엔 선배도 아버지를 좋게만 그리지는 않았던 것 같은데, 매 순간 당신 자신의 필요가 제일 급하고 가장 중요한 철없는 어른, 맞죠?" 덧붙이듯 묻는 내게 그녀가 힘없이 고개를 끄덕인다. 흥분한 어조로 내가 말을 잇는다. "선배, 저는 선배 아버님에 대해서 잘 몰라요. 하지만 사람은 결국 자기중심적일 수밖에 없지 않나요? 기억이란 건 원래 조금씩 변형되고 굴절되는 거고요. 또 사람이 다른 사람을 겪는 방식이 어떻게 같겠어요. 한집에 살며 한 밥을 먹는 형제자매라 해도요. 가족이라고 늘 함께 있는 것도 아니고……. 그뿐인가요, 과거를 기억하는 방식도 사람마다 다 다른 걸요. 세상을 바라보는 자세나 사람을 대하는 태도가 각기 다르니까요." "그지? 그래서겠지? 아무리 생각해도 이해가 가지 않아.

다른 거라면 모를까, 그 이야긴 동생과 아버지를 만나 하루를 함께 보내고 쓴 거였거든. 늙어 꼬부라지고 낡고 바란, 그래서 맑아진 아버지와 만나 즐겁고 훈훈한 시간을 보내고 집에 와……." 그녀가 말꼬리를 흐리며 고개를 젓는다. 어제 일 때문일까, 그녀의 눈빛이 다시 고양이들을 불러온다. 녀석들 눈에는 내가 어떻게 비칠까, 슬쩍 궁금해지면서다.

열두어 마리의 고양이들이 집 마당을 드나든다. 대개가 친척 간일 텐데 녀석들, 신기하게도 외모와 성격이 다 다르다. 가령 노랑이는 밥보다 스킨십을 좋아하는 별난 들고양이인데 발 주위를 빙빙 돌며 매달리는 건 물론, 호시탐탐 발돋움으로 뽀뽀까지 해댄다. 배를 만져주면 가릉가릉 앓는 소리도 낸다. 자타공인 판포 미묘 얼룩이는 성격이 어찌나 고약한지 고양이든 사람이든 자신에게 엉겨 붙는 걸 참지 못한다. 새끼들에게까지 마구 화낸다. 녀석의 까칠 매력은 나도 어쩌지 못해 녀석과 상대할 때는 늘 한발 거리를 둔다. 다른 고양이가 자기 얼굴을 핥아도 할퀴어도 무덤덤한 넙딕이는 순둥이다. 밥 먹을 때 내가 은근슬쩍 등을 만져도 봐준다. 녀석, 움칠움칠 놀라면서도 계속 먹는 척하는 건데 녀석도 내 터치를 은근 즐기는 것이면 좋겠다. 작업실 문을 긁으며 자기가 왔음을 알리는 흰둥이는 스스로 등극한 왕이다. 하기는 덩치로 보면 왕 맞다. 까짓 것 나도 녀석이 신호를 보낼 때마다 문을 열고 아는 척해 준다. 그릇에 밥이 담겨 있어도 새 밥을 얹어준다. 기로는 틈만 나면 그루밍하는 깔끔이다. 내 작업실에 들어와 본 유일한 녀석이기도 하다. 녀석, 이곳저곳 탐색하면서도 말썽부리지 않는 게 기특하다. 어쩌면 기로에게는 내가 책상에서 쓸데없는 짓만 하는 아줌마인지도 모르겠다. 기로와 한배에서 나온 구로는 마당만 뱅뱅 도는 마당순이다. 아니, 내가 집까지 사 줬으니 집순이라 불러야 할까? 구로 입장에서는 하루 종일 작업실에만 처박혀 있는 내가 방순이 겠다.

"차부터 시켜야지. 뭐 마실래? 따뜻한 아메리카노?" "아니에요, 제가 사 올게요. 선배도 따뜻한 아메리카노로 한 잔 더?" 아니라며 손을 젓는 그녀를 남겨두고 가방에서 지갑만 꺼내 카운터로 간다. 주문 뒤에는 화장실로 가 손을 씻는다. 언젠가 언니와의 일을 떠올리며 그녀에게 나도 비슷한 일 있었다며 말해 볼까, 하다 그만두기로 한다.

 첫 책을 내고 얼마간 지났을 때였다. 형제방 카톡을 보고 깜짝 놀랐다. 밑도 끝도 없이, 내 글이 창피했다며 앞으로는 자기네 식구를 내 글에 끌어들이지 말라니! 언니였다. 격앙된 채 서둘렀는지 오타가 많았다. 빠르게 내 글들을 돌이켜 봤다. 남편과의 젊은 날을 회상하는 글에 조카를 병문안하는 광경을 묘사했던 게 기억났다. 그 글 속에 언니가 창피해할 게 있었나, 의아했지만 언니 말대로 하겠다고 답을 썼다. 자신은 없었다. 언니가 말한 식구가 어디까지인지 알 수 없는 데다, 내가 쓰는 글이란 게 주로 사람 사는 이야기인데 내 삶과 일상이 오롯이 홀로 갈 수 없기 때문이었다. 게다가 남도 아니고 가족이라면……. 스치고 겹치는 게 얼마나 많으랴 싶었다. 앞으로도 나는 내 이야기를 쓸 텐데, 그것이 다른 사람을 건드리기도 할 텐데, 친언니가 이 정도면 남은 오죽하랴 싶었다.

 진동벨이 울린다. 서둘러 화장실을 나와 차를 받아 자리로 간다. 내가 없는 사이 책을 읽고 있었는지 다가가자 그녀가 책을 덮는다. 그녀 앞에, 내 앞에, 머그를 내려놓는데 책 표지의 보라색 고양이가 다시 눈을 잡아끈다. 옆얼굴을 보이며 웅크리고 앉은 고양이가 땡땡이를, 어제의 광경을, 불러온다.

 먹고 남은 생선을 물에 씻어 마당에 들고 나가자, 고양이들이 내 주변으로 몰려들었다. 일찌감치 생선 굽는 냄새를 풍겨서인지 고양이들이 많았다. 그릇을 내려놓으려 할 때였다. 내 발 바로 앞까지 달려온 땡땡이가 하악질하며 그릇을 떨어뜨릴 기세로 앞발을 휘둘렀다. 무서웠다. 녀석의 날카로운 이빨에 이미 물리기라도 한 듯 그릇을 내려놓지 못하고 주저 댔다. 전에도 이 비슷한 일이 있었지만 이렇게까지는 아니었다. 사실, 땡땡이는 마당을 드나드는 고양이 중 내가 조금 덜 예뻐하는 녀석이다. 녀석은 참 어이가 없다. 맛있어하는 걸 줄 때 오히려 사납게 군다. 친하지 않은 고양이가 다가오면 소름 끼치는 소리를 내는 것도 나는 거북하다. 그럼에도 녀석을 조금 예뻐하는 건 의리가 있기 때문이다. 지금은 많이 나았지만 한참 도라가 구내염으로 힘들 때 녀석은 도라 곁을 지켰다. 어쩌면 새끼였을 때 겁 많은 자신을 감싸준 도라에게 보은한 것인지도 모른다.

"땡땡!" 화가 난 얼굴로 내가 외쳤다. 두어 걸음 물러선 녀석에게 엄격한 목소리로 나가라고 했다. 급변한 내 태도에 놀란 다른 고양이들은 이미 여기저기 흩어져 내 눈치를 보고 있었다. 내가 다시 다그치듯 외쳤다. "나가라니까!" 녀석이 야옹대며 슬금슬금 도망쳤다. 하지만 1분도 안 돼 되돌아왔다. 다시 쫓아냈다. 이번엔 녀석 근처로 신고 있던 슬리퍼까지 던졌다. 그러나 결국 나는 땡땡이를 용서했다, 다른 고양이들 틈에 은근슬쩍 끼어있는 땡땡이를 못 본 척하는 걸로. 애꿎은 다른 고양이들이 안쓰러워서였다.

미소까지 지어가며 먹으라고 했지만 녀석들은 왠지 먹을 엄두를 내지 못했다. 또 땡땡이의 눈빛 때문이기도 했다. 놀란 듯 치켜뜬 동그란 눈에 스민 겁과 걱정이 끔찍하면서도 불쌍했다.

말없이 차를 마시다 괜스레 머그를 만지작거리다 내가 입을 연다. "선배, 동생분 말로 너무 속상해하지 마세요. 저는 누가 싫은 소리 하면 샘나나 보네, 하고 말아요. 제 속 편하게 생각하는 거지요. 혹시 선배 아버님 정말, 질투 날 정도로 선배를 예뻐하셨던 건 아니에요? 우리 엄마는 저를 대하고 동생을 대하는 태도가 어려서부터 달랐어요. 제가 돈이 필요하다고 하면 별말 없이 줬지만 동생에게는 그렇지 않았거든요. 엄마 말론 저는 절박하지 않으면 말하지 않기 때문이래요." "글쎄……." 머리를 갸웃하는 선배의 눈에 생각이 담기고 있다. "아버지가 형제 중 누군가를 더 좋아하고 덜 좋아하고 그러지는 않았던 것 같아. 엄마는, 엄마는 조금 그랬을까? 어렸을 때 나한테 복둥이라 자주 말한 기억은 나네, 내가 태어나고부터 좋은 일이 많이 생겼다나, 동생 낳고부터는 되는 일이 없다면서." 내 미간이 찌푸려졌던 걸까? 그녀가 빠르게 말을 잇는다. "하지만 동생이 그 말을 기억하는 것 같지는 않아. 동생이 아주 어렸을 때 급성신장염을 앓았거든. 그 후론 엄마 입에서 그 말이 쑥 들어갔으니까." 순간, 서늘한 무언가가 목덜미를 스치는 느낌을 받는다. 땡땡이 먹이 앞에서 그렇게나 격해지는 게 약·밥 때문일까, 싶어지며…….

도라의 입에 침이 길게 매달리기 시작할 때였다. 몸 여기저기 뭉친 털이 솟구쳐 있고 잘 먹지 못해 야옹 소리마저 가늘어진 도라가 안쓰러워 경험 많은 동네 사람에게 물어보았다. 그가 습식사료에 섞어주라며 가지고 있던 항생제를 나눠줬다. 당장 약·밥 주기에 돌입했다. 마당의 다른 고양이들에게는, 도라 것을 빼앗아 먹을까 봐, 약만 섞지 않은 같은 것을 줬다. 생각지 못한 문제가 생겼다. 파밭에 숨기 좋아하는 도라에게 따로 약·밥을 주는 건 어렵지 않은데 도라 지킴이 땡땡이가 자꾸 그것을 함께 먹으려 했다, 그것도 엄청 빠른 속도로. 땡땡이를 쫓았다, 저리 가라고, 저기 가서 저쪽 거 먹으라고. 결과적으로 약 먹일 때마다, 또 도라가 좋아할 특별식을 줄 때마다 매번.

사람 간 아니, 가족 사이에도 이런 일이 생기지 싶다. 어쩌면 그녀 아버지의 말과 행동이 또 마음이 그녀와 동생에게 다르게 전달된 것인지도 모른다. 그런데 그녀 어머니의 말은 어떻게 이해해야 할까? 두 딸에 대한 감정이 아기 때부터 달랐다는 말일까? 설마……, 신세타령이 실답지 못하게 노골적 편애로 잘못 표현됐던 거겠지? 모를 일이다. 고양이들에게 나는 어땠을지 새삼 불안하다. 밥은 똑같이, 공평히, 주었지만 녀석들을 바라보는 내 마음도 같았을까?

  가늘게 뜬 비스듬한 시선으로 여지없이 공주병을 드러내는 얼룩이는 처음부터 예뻤다. 사람들은 못됐다고, 심술쟁이라고 해도, 내 눈엔 그래서 또 예뻤다. 못난이 구로도 첫눈에 귀여웠다. 동그란 눈동자를 뱅글 돌리며 뭘 모르는 바보처럼 팔랑대는 구로에겐 저래서 어찌 살까 싶어 집까지 사줬다. 땡땡이는 새끼 때부터 별로였다. 녀석의 치켜뜬 동그란 눈과 눈치 보듯 주춤거리는 태도가 마음에 들지 않았다. 그러고 보니 같은 배에서 태어난 고양이들이 이미 새끼 때부터 외모만큼이나 하는 짓이 다르지 않은가. 함께 태어난 고양이라도 아비는 다를 수 있다던데 그래서일까?

  화들짝 그녀를 바라본다. 너무 오래 내 생각에만 빠져있었나 싶어서다. 초점 없는 시선으로 머그 손잡이에 검지를 넣어 돌리고 있는 그녀에게 멈칫멈칫 내가 말을 꺼낸다. "평소에 느끼는 건데요, 선배. 선배는 늘 따뜻한 쪽을 택하는 것 같아요. 이렇게도 저렇게도 생각할 수 있을 때요. 이런 말 하기는 좀 그런데 혹시 동생분은 그 반대 아닐……? 아니, 아니에요. 방금 한 말 취소할래요. 실은 아까 선배가 어머니 얘기할 때 조금 다른 생각이 들었어요, 동생분도 자기 상처가 아파 그랬겠지 싶은. 그런데 이상하더라고요. 갑자기 전생이란 단어가 뚱딴지같이 떠오르는 거예요. 그러니까 선배와 아버님 또 동생분과 아버님 사이에 무언가 다른 것이 있지 않을까, 싶은 생각이. 왜 소설이나 드라마에서는 그러잖아요. 전생의 인연이 이생에까지 이어져……." 그녀의 얼굴에 어이없다는 듯 희미하게 미소가 번지기 시작한다.

  남은 커피를 입에 털어 넣듯 마신다. 금방이라도 일어설 듯, 내가 말한다. "우리 차, 한 잔씩 더 마셔요. 저는 이번엔 따뜻한 유자차로 마실래요. 선배도 같은 거, 어떠세요? 근데요, 선배. 잠깐 생각해 봤는데요, 제 경우엔 동생분의 말이 맞는 것도 같아요. 일단 거짓말쟁이란 말 말인데요, 저, 글 쓸 때 엄청 과장하거든요, 감상에 빠져서요. 전개를 매끄럽게 한답시고 일의 순서를 막 바꾸기도 하고요. 경험을 현재시제로 쓴다는 것부터가 이미 말이 안 되는 거겠지요. 정신병자라는 말도 그래요. 저는 주로 제 삶에서 소재를 가져오잖아요. 어떨 땐 저란 인간, 제정신인가 싶기도 해요. 그 얄팍한 생각과 구차한 생활을 부끄러운 줄 모르고 구구절절 써대는 게 스스로 어이가 없다니까요. 그래도 정신병자는 어감이 좀 그러니까 말은 바꾸는 게 좋겠어요.

생각이 많은 생각병자나 정신세계가 색다른 정신이상자로요."

그녀의 눈이 휘둥그레 커지고 있다. 탁자 위에 놓인 그녀의 책을 집어 들며 내가 말한다. "근데 이 책 정말 예쁘네요. 이 고양이, 이 책의 주인공인가요? 아님, 주인공의 페르소나?" 표지의 보라색 고양이를 쓰다듬듯 손으로 만지는데 문득, 내가 쓰는 글이 수필일까, 싶은 생각이 머리를 스친다. 생각이 상상을 낳고 낳다 엉뚱하게 마무리되곤 하는 내 글은 숫제 소설이 아닐까, 싶은. 그것도 어쭙잖은…….

좋은 시체

몇 년 전 다리뼈를 부러뜨리며 깨달은 게 있다. 아차 하는 순간, 모든 것이 바뀔 수 있음! 한 발짝 헛디뎠을 뿐인데 집에 갈 수 없었다. 구급차에 실려 병원에 갔고 생면부지의 사람들과 같은 방에서 한 달 이상을 함께 살았다. 골밀도를 자랑하며 다람쥐처럼 산을 오르내리던 내가 침대 붙박이로……. 그 일 이후 죽음을 좀 더 가깝게 느끼며 산다. 아니 '결국은 모두 죽는다'는 유일무이 진리에서 자주 용기를 얻는다. 어차피 그리그리 끝날 인생이라면 억지나 욕심부리지 말고 순간순간 순리대로 정성을 다해 살자, 싶은 거다. 하지만 죽은 후의 내 몸에 대해서는 관심을 가져본 적이 없다. 남의 몸도 마찬가지다. 옛사람들은 시집가기 전, 염하는 것도 배웠다던데 말이다.

16년을 함께 산 강아지를 내 손으로 묻은 적은 있다. 생명이 사라지는 과정을 피부로 오롯이 느끼며 그 생명의 그릇마저 자연으로, 흙으로, 돌이킨 경험이 있는 거다. 그때 나는 녀석의 마지막 모습이 예쁘길 바라 흘러나온 혀를 입안에 넣어주려 꽤나 애를 썼었다. 하지만 지금은 안다. 시신의 입은 벌어지는 게 자연스러운 것으로 보암직한 시체를 만들려면 입술을 접착제로 붙이는 등의 인위적 조치를 해야 함을. 더불어 내가 내 것이든 남의 것이든 시신에 별다른 관심을 갖지 않았던 건 병원에서 시작해 병원에서 끝나는 현대인의 삶을 살고 있기 때문임도.

얼마 전 책을 읽었다. '미국의 낙관주의가 화장과 화학약품으로 시신을 미화하는 쪽으로 갔다면, 영국의 비관주의는 예의 바른 사회에서 시신과 장례를 아예 치워버리는 쪽으로 갔다'고 말하는 케이틀린 도티의 『좋은 시체가 되고 싶어』(임희근 옮김, 반비, 2020.10)다. 평소 전혀 관심 갖지 않던 장례문화에 관한 이 책을 발견한 건 도서관에서였다. 귀여운 해골들로 장식된 책 표지와 '유쾌하고 신랄한 여자 장의사의 시체문화유산 탐방기'라는 부제가 눈길을 끌었다. 'LA의 화장터에 고용돼 직접 시신을 태우던 사람'이라는 책날개 저자 소개는 화들짝 놀랍기까지 했다. 당장 그녀가 먼저 썼다는 『잘해봐야 시체가 되겠지만』(임희근 옮김, 반비, 2020.1)을 마저 찾아내 두 권을 한꺼번에 빌렸다.

그녀의 두 번째 책 『좋은 시체가 되고 싶어』에는 세계 여러 나라의 조금은 특별한 장례 방식이 소개된다. 내가 식겁한 것은(티벳의 조장은 이미 알고 있었던 터라) 인도네시아 토라자의 마네네 의식. 정기적으로 미라가 된 시신을 꺼내 옷을 갈아입히고 먹을 것을 함께 나누어 먹고 사진도 함께 찍는단다. 또 볼리비아 라파스의 냐티타도 내게는 기묘했다. 냐티타란 두개골 혹은 미라가 된 머리로 라파스에서는 냐티타를 집에 모셔놓고 그 영적 존재의 도움을 받는 사람들이 있단다. 지구상 어디엔가는, 저생과 이생을 오가며 또 다른 삶을 이어가는 어떤 시신 혹은 어떤 해골이 존재한다는 말씀. 그런데 나, 조금 전 식겁했다고 했던가? 식겁하는 태도는 옳지 않은데……! 케이틀린 도티는 한 문화권의 사람들이 다른 문화권의 죽음 의례에 얼마나 기겁할 수 있는지, 그리스의 역사가 헤로도토스의 글을 인용한다.

죽은 이를 화장하는 관습을 지닌 그리스인들에게 페르시아 황제는 물었다. "얼마를 주면 죽은 조상을 먹겠느냐?" 이 질문에 그리스인들은 사색이 되어, 세상 어떤 것을 준다 해도 절대 식인종은 되지 않을 것이라고 했다. 다음으로, 황제는 죽은 이의 시신을 먹는 관습을 가진 카라티안 한 무리를 불러 모은다. 황제는 물었다. "얼마를 주면 죽은 조상을 불태우겠는가?" 칼라티안 사람들은 "그런 끔찍한 소리"는 부디 하지 말아 달라고 간청한다.

시신을 먹으라 하면 나도 진저리쳤으리라. 그것도 피붙이의 것을! 하지만 그 이유만큼은 납득할 수 있겠다. 그들에게는, 시체를 토악질 참아가며 먹는 것이 그 생을 완전히 떠나보내는 길이라 믿는 오랜 전통이 있기 때문이다. 또 독수리에게 시신을 먹임으로 그 영을 하늘로 보내는 티베트에는 매장할 흙도 화장할 나무도 없는 그들만의 환경이 있기 때문이고.

내가 딴소리만 하고 있다, 머릿속 가득 엄마를 보고 있으면서……. 연보랏빛 한복을 곱게 차려입고 우아하게 웃고 있는 영정사진 속 엄마와 무릎을 봉곳 세운 채 세모시에 꽁꽁 감싸인 엄마. 실은 얼마 전 엄마를 보내드렸다. 코로나19로 면회가 금지된 상태에서 엄마는 혼자, 요양병원에서 돌아가셨다. 기가 막힐 일이었다. 하지만 그 안타깝고 속상한 마음은 장례 절차를 거치며 많이 누그러졌는데…….

엄마의 입관은 시어머님과 아버지 때와 많이 달랐다. 앞선 두 분의 때 특히 시어머님의 경우, 그 마지막 모습이 내게는 너무도 낯설었다. 내 슬픔이 갑자기 어색하고 이상한 무언가로 바뀌는 느낌이 들 정도였다. 그뿐인가, 그 생경한 감상마저 나는 오래 가지고 있을 수 없었다. 간신히 '어머니' 하고 불렀을 뿐인데 유리창 너머로 옮겨가 줄 것을 요청받았기 때문이었다. '좋은 데 가셔서 더는 아프지 말고 평안하시라'는 밋밋한 인사와 함께 미진한 마음으로 물러나 나와, 행위예술가의 공연과 같은 염의 과정을 유리창 너머로 지켜봤다. 내 안에 고이는 비애의 의미를 의심하면서였다. 그러나 이번 친정엄마의 입관은 많이 달랐다. 살과 살을 부빌 수 있었고 그 귀에 마지막 속삭임을 불어넣을 수 있었다. 상례사 덕분이었다. 그는 착잡한 마음으로 어쩔 줄 몰라 하는 나를, 우리를, 부드럽고 나직한 어조로 차분히 이끌었다. 함께 애도했고 충분히 기다려 줬다.

그가 말했다. "어머님 다리가 굽어 있었지만 억지로 펴지 않았습니다. 그래서 관도 다른 사람들 것보다 조금 높아요." 안 그래도 엄마의 살짝 벌어진 입을 보며 안도하던 나였다. "오래 누워 계셨다고 들었는데 욕창 하나 없이 깨끗하셨습니다." 내 귀에 이어 와 닿는 그 말은 또 얼마나 위로가 되던지. 엄마를 돌봐온 오빠 부부가, 간병 여사님이, 엄마마저도, 그저 고맙고 감사했다. 그러니까 엄마를 그리워하다 엉뚱하게 케이틀린 도티를 떠올린 건 그녀의 책이 아니었다면 상례사의 고마움을 몰랐지 싶어서다. 엄마와의 이별을 아쉬움과 다정과 감사가 넘치는 순간이 되게 해준 그분의 배려심과 직업의식에 대한…….

그런데 불쑥, 궁금해진다. 좋은 시체란 어떤 시체일까? 좋은 삶을 살아낸 시체이지 싶기는 하다. 그렇다면 좋은 삶은?

아직은 골절로 얻은 깨달음이 유효한가 보다. 결국 언젠가 맞닥뜨릴(어쩌면 갑자기 들이닥칠) 어느 날을 생각하며 사는 삶이지 싶다. 그날의 부끄럼을 미리 느끼며 사는 삶, 생명(죽음) 가진 것들을 연민하며 성화 부리지 않고 성심을 다해 사는 삶이지 싶다.

징조 읽기

 걸핏하면 징조를 읽는다. 아무 데서나 예감을 느낀다. 다행한 것은 내가 읽는 징조의 대부분이 길조라는 것. 남발하는 탓에 징조가 징조 아닌 적이 많다는 건 문제다. 어떨 때는 그 깨달음이 몇 초 상간에 일어날 때도 있다. 하지만 또 하나의 다행이랄까, 그럴 때조차 내상이나 후유증이나 충격이 크지 않다. 징조라고는 했지만, 그 실상이란 게 '혹시……?' 하며 이미 저질러놓은 일에 가볍고도 엷은 희망을 보태 보는 것이기 때문이다. 예상과는 다르게 진행되는 상황에 자기 변명 내지는 자기 위로를 덧씌워 보는 것이기 때문이다. 지금도 징조네, 자기 위로네 떠벌리는 것은 기다리는 게 있어서다. 실은 대한민국미술대전에 그림 두 점을 출품했다. 취미 삼아 그리는 그림으로 이렇게나 큰일을 벌인 것은 꿈 때문이다. 말하자면 징조를 읽은 때문.

잠에서 얼핏 깨려는데 한 광경이 눈앞에 나타났다. 탱화 속 겹겹이 선 보살들처럼 많은 사람들이 나란히 서서 웃고 있는……. 크리스천인 내가 그 장면에서 불교 탱화를 떠올린 건 고개 갸웃할 일이지만 그 순간, 전날 인터넷 검색 중 우연히 발견한 미술대전 공모 포스터가 생각났다. 이건 징조라는 느낌이 머리를 스쳤다. 당장 100호 캔버스를 2개 주문해 스케치에 돌입했다. 많은 사람들이 모여서 결혼을 축복하고 축하하는 또 어깨를 겯듯 붙어 서서 둥글게 둥글게 달맞이하는 장면이었다.

물론 징조 읽기는 그림을 그리는 동안에도 계속됐다. 이런 식이다. 색을 칠하다 그곳이 아차, 칠하려던 곳이 아님을 발견했다 치자. 내 입에서는 아무렇지도 않게 이런 중얼거림이 흘러나오는 거다. "그런데 이 색, 저기보다 여기가 훨씬 어울리는 거 아냐? 음, 확실히 여기가 좋아. 이 그림 잘 되려나 봐, 저절로 색이 자기 자리를 찾아가고 말이야."

결국, 자리를 잘 못 잡은 색은 연이어 선 사람들 옷 전부를 다시 칠하는 수고를 만들었다. 덕분에 일정이 빠듯해지면서 전면에 구름을 얇게 깔아 채도를 낮추려던 작업은 생략해야 했다. 그럼에도 나는 웃을 수 있었는데 조금은 다른 징조를 발견한 때문이었다. "결국 이렇게 됐군, 좋아 좋아. 색에 깊이감이 생겼어. 그런데 구름을 넣지 않은 건 두고두고 후회하지 않을까? 아니야, 그게 어디 쉬운 일이야? 내 실력에 오히려 망치고 말았을 걸. 그러면 고쳐 그릴 시간도 없고 얼마나 기가 막혔을까. 고마워, 천사. 제때 막아줘서."

앗, 내가 방금 천사라고 말했던가? 천사란 단어가 쑥스러워 징조라 말하곤 하는 건데…….

말을 바꾸어야 할 것 같다. 어쩌면 나는 징조가 아니라 어떤 선한 힘을 믿는 것인지도 모른다. 순간적으로 스미는 생각이나 느낌을 천사의 알림인 양 여기는 거다. 남 보기에 어이없을 이런 믿음은 어렵게 낳은 첫아들을 품에 안고도 불안과 우울로 하루를 힘들게 보내던 어느 날 시작되었다.

아기 우는 소리만 들리면 혼비백산하는 시부모님 덕에 거의 하루 종일 아기만 안고 지낼 때였다. 그날은 참 이상했다. 시어머님이 내게 시장 심부름을 시킨 것이었다, 대파가 필요한데 가까운 식품점엔 없다며. 이 일이 문제가 되는 건, 그동안 어머님은 내가 없는 틈에 아기가 깨서 울면 어쩌냐며 아기를 두고 혼자는 절대 집 밖을 못 나가게 했기 때문이다.

 오랜만에 해보는 혼자만의 외출! 대문을 나서자, 요술처럼 마음이 가벼워졌다. 나를 옭아매던 줄에서 풀려난 듯 마음이 붕붕 하늘로 날아올랐다. 햇빛이 환한 거리를 잃어버린 기억을 되찾은 사람처럼 환희에 젖어 걸었다. 모든 것이 새롭고 어쩐지 행복했다. 큰길을 향하여 걸어가는데 버스 정류장 쪽에서 큰 소리가 들려왔다. 한 남자가 뭔가를 외치고 있었다. 소리가 나는 곳으로 갔다. 사람들이 초라한 옷차림을 한 시각장애인을 둘러싸고 있었다.

 "저를 길음시장 버스 정류소까지 데려다주실 분 없으세요?"

 얼마큼 오래 소리를 지르고 있었던 걸까? 그의 목소리가 자꾸 갈라졌다. 검은 안경도 쓰지 않고 지팡이도 가지고 있지 않은, 40대 시각장애인. 어느새 내가 그 앞에 바싹 다가가 있었다. 20분 정도면 갈 수 있는 짧은 거리라 괜찮지 싶었다. 아니, 한마디 대꾸 없이 무표정한 얼굴로 둘러선 사람들 틈에 그를 계속 남겨둘 수가 없었다. 아니아니, 목구멍까지 올라온 내 안의 무언가 가볍고 포근한 것이 붕붕 나를 띄워 이끌었다.

 "제가 모셔다드릴게요."
 "감사합니다. 정말 감사합니다."

퀴퀴한 냄새를 풍기며 그가 나를 향해 고개를 거듭 숙여 인사했다. 앞 못 보는 그가 나를 따라 걸을 수 없음이 깨달아진 건 첫 두어 발짝을 뗐을 때였다. 다가가 그의 팔짱을 끼었다. 당황한 듯했지만 그도 팔짱을 풀지는 않았다. 그렇게 우리는 함께 걸었다, 홍해 열리듯 양쪽으로 벌어지는 혼잡한 시장길을. 사람들의 시선을 받으며……. 내 얼굴을 볼 수 없어 더욱 궁금한 걸까? 그는 길을 걸으며 계속 물었다, 나와 가족들과 내가 원하는 미래에 대해.

그가 가고자 했던 곳은 시장을 가로질러 수직으로 만나는, 큰 도로의 맞은편 쪽 간이 판매소였다. 그가 형수라고 부르는 여인은 그를 반기지 않았다. 내가 자리를 뜨지 못하고 머뭇거리자 그가 이제 그만 됐다며, 정말 고맙다며, 처음 만났을 때처럼 거듭 고개를 숙였다. 그와 헤어져 시장을 향했다. 홀로 걸으며 암흑에 가린 시야를 상상해 봤다. 상상이 되지 않았다. 마음속에서 의문이 일어났다. 아무런 준비 없이 그는 무슨 믿음으로 길을 나섰던 걸까? 그의 평온한 표정과 차분한 음성은 어떤 마음에서 오는 걸까? 그는 세상과 사람에 대해 아주 큰 믿음을 갖고 있었던 것 아닐까?

코가 매워지며 눈물이 핑 돌았다. 얼룩지고 흐릿한 길을 발을 헛디디며 걸었다. 그의 처지를 아파하던 눈물이 결국 나를 향한 연민으로 변한 것일까. 집에 도착해 방에 들어가자 울음이 터져 나왔다. 소리 죽여 울며, 눈물을 닦고 코를 풀며, 그의 말들을 돌이켜 봤다. 그의 말은 모두 나를 향한 축복이었다. 도움을 받는 사람이 오히려 도움 주는 사람을 축복하다니! 불현듯 그가 정말 갈 곳 없는 시각장애인이었을까, 싶은 의심이 머리를 스쳤다. 내가 거지로 변장한 천사를 만난 것은 아니었을까, 싶은……. 갑자기 세상이, 내가, 달라진 것 같았다. 천사를 만났으니, 천사를 도와줬으니, 이제 내게는 두려움도 불행도 없을 것 같았다.

'이제 결과가 나왔겠지?'
스마트폰을 집어 들고 미술대전의 결과를 검색한다. 아뿔싸! 내 이름이 없다. 아무리 봐도 없다. 하기는 첫 시도에, 내 실력에, 입선될 리가 있는가. 아쉬움에 다시 한번 명단을 들여다본다. 한숨이 나온다. 괜한 꿈 탓에 아니, 징조 덕에 석 달을 정신없이 신나게 살지 않았나. 그런데 신나게라니……? '신나게'라는 말이 불쑥 올봄 돌아가신 엄마의 얼굴을 떠올린다.
갑자기 당혹스럽다. 얼굴은 붉어져 가고 머릿속에선 많은 생각이 뒤죽박죽 엉키고 있다. 그 중엔 내가 꿈에서 본 게 혹시 천상의 합창단이었을까, 싶은 갑작스러운 의문도 있다.

그래도 이건 아니지 싶다. 뒤늦게 꿈속 장면과 내 그림에서 엄마의 얼굴을 찾으며 죄송해하다 급기야 감사와 감격에 빠져드는 건, 애도 대신 엉뚱한 것에 정성을 쏟게 한 징조의 오역조차 천사의 도움이라 여기는 건…….

고개를 가로저으며 화면을 닫는다. 징조든 천사든 이쯤 되면 나란 인간, 나조차 곤란하다.

새꿈

 벙벙해져 이불을 걷어찬다. 새꿈을 꿨다. 아니, 새꿈 꾸는 꿈을 꿨다. 꿈에서 나는 자고 있었다. 내 방 내 침대에서였다. 근데 이상했다. 어렴풋이 내 머리맡에 무언가가 있는 듯한 느낌……. 눈은 감은 채 오른편 머리맡을 더듬어 봤다. 부드러우면서도 거친, 깃털 같은 것이 손에 잡혔다. 일어나 앉으며 쥐었던 손을 살짝 펴 보았다. 새가 있었다, 몸집이 아주 작은. 베갯잇의 지퍼를 열고 새를 넣었다. 새가 몸을 웅크렸다. 침대에 다시 누웠다. 순간, 꿈이 깼다. 포개진 채 내 손바닥에 닿아 있던 새의 조그만 날개와 머리를 생생히 느끼면서였다.

 침대에 앉아 빈 손바닥을 바라본다. 왜 이런 꿈을 꾸었을까? 어제 있었던 일 때문일까?

  마당 여기저기 깃털이 날려 있었다. 고양이들 짓이지 싶어 당장 녀석들을 눈으로 찾았다. 구로와 기로가 나는 모르는 일이라는 듯, 한 놈은 화분 위에 올라앉아 한 놈은 현관문 앞에 엎드려, 느긋하니 해바라기하고 있었다. 마당을 돌며 구석구석 살펴보았다. 텃밭 앞쪽에 새 머리가 뒹굴고 있었다. 깃털 색과 크기로 보아 직박구리이지 싶었다.

  흰 종이로 새를 보자기 싸듯 감쌌다. 대파와 상치 사이에서 발견한 새의 몸은 가슴 부분에 구멍이 뚫려있을 뿐 깨끗했다. 집 옆 공터로 가 호미로 흙을 파내고 새를 묻었다. 나란 인간, 정말 못 말리는 인간이라는 생각을 하면서였다. 소설 『밀크맨』(애나 번스 지음, 홍한별 옮김, 창비, 2019)의 장면을 떠올린 거였다. 폭발로 인해 잘린 고양이 머리를 발견한 소녀가 그냥 지나치지 못하고 들고나와 묻어주는. 『밀크맨』을 읽을 당시엔 산책할 때마다 책을 들고 나갔다. 주인공 소녀처럼 걸으며 책을 읽기 위해서였다. 하지만 어제 새를 묻은 건 단지 흉내 내기 위해서만은 아니었다.

  집에 돌아와 마당 여기저기 흩어진 깃털을 빗자루로 모으는데 새란 말이 '사이'에서 왔을 거라는, 언젠가 읽은 문장이 생각났다. 그때 나는 하나님이 하늘, 물과 물 사이의 궁창을 창조하는 성경 구절을 떠올리며 고개를 끄덕였다. 과연 사이를 제 공간으로 삼은 새에게 걸맞은 이름이라 생각해서였다.

아침 산책을 나선다. 구불구불 한가한 시골길을 타박타박 걷는다. 복잡한 내 머릿속과 달리 새소리만 드문드문 들릴 뿐 길이 하얗게 비어있다. 엉뚱한 생각이 머리를 스친다. 고양이 머리 묻는 걸 계기로 '상도常道'에서 좀 더 자유로워진, 그렇게 보이지 않는 폭력과 억압과 악의적 소문에 더욱 꿋꿋해진, 『밀크맨』의 소녀처럼 새 머리 묻은 나도 조금은 달라져야 하지 않을까 싶은 거다.

실은 후회하는 게 있다. 그 푸릇한 젊은 날, 내가 왜 그랬는지 모르겠다. 모험과 도전을 시도해 봄 직한 그때, 나는 기껏 어른들이 좋아하고 교회의 가르침에 맞는 또 내 몸과 마음이 편안한 쪽으로만 나 자신을 끌고 다녔다. 집이 가난해서였을까? 대학을 졸업하려면 계속 성적 장학금을 받아야 했고 그러려면 다른 데 한눈팔아서는 안 돼서? 어려서 함께 자란 동네 친구와 미리미리 해둔 결혼 약속이 나를 가로막았는지도 모른다. 아쉽다. 나는 일찌감치 따뜻한 부뚜막에 오른 고양이였던 게다. 부뚜막에서 안온히 지내려면 끊임없이 부엌 주인의 눈치를 살펴야 함을 미처 모르는······.

고개를 저으며 들고나온 책을 쓸어본다. 『내 몸속의 새를 꺼내주세요』⁽파람북, 2021⁾, 문정희가 쓰고 김원숙이 그린 시집이다. 표지에는 비스듬히 팔짱을 낀 하얀 원피스의 여인과 살짝 벌린 부리를 여인의 귀밑머리에 대고 있는 거대한 하얀 새가 그려져 있다. 전시장에서 본 그림에는 맨발에 매달린 여인의 그림자가 깃털에서부터 퍼져 나온 새의 그림자와 하나로 이어져 있었다.

  김원숙의 그림을 좋아한다. 지난가을엔 개인전 관람만을 목적으로 제주발 서울행 비행기를 탔을 정도다. 시집도 전시에 감명받아 샀다. 그날 그림 속, 금방이라도 날아오를 듯 벼랑 끝에 선 여인 앞에서 내 얼마나 서성였던가. 뒤꿈치를 들고 양팔을 벌려 선 여인의 주변에는 여인을 도우려는 듯, 응원하려는 듯, 많은 새들이 날갯짓을 하고 있었다. 그때부터인지도 모르겠다. 내 안에 있는 높이와 멀리에의 충동 그러니까 날개 퍼덕이는 새의 마음을 새삼스레 느낀 것.

  사선으로 두 팔을 벌려 올린 채 걸어 본다, 한 걸음에 고양이 두 걸음에 새 또 한 걸음에 고양이……. 고양이와 새의 마음이 앞서거니 뒤서거니 내 삶을 이끌어 왔다는 생각을 하는 거다. 나이를 먹어가며 고양이에서 새로 그 비중이 옮겨가고 있지만 말이다.

  네 발로 기어올라 부드러운 회전으로 착지하는 고양이

의 마음으로 나는, 이해를 따지고 지혜로운 판단을 내렸겠다. 성실한 생활인으로 살게 하는 이 마음은 나는 물론 가족도 편안케 하지 않았을까? 공중을 배회하고 선회하는 새의 마음으로는 '쓸데없는 짓'을 많이 했겠다, 오래오래 멍때리고 거리를 방황하고 또 글도 끼적이고 낙서도 하고……. 이 마음으로 나는 만족감과 성취감, 행복감을 느꼈지만 글쎄, 가족은 어땠는지 모르겠다. 하기는 이 마음이 나에게조차 마냥 좋은 것만은 아니었다. 날개가 달린 이 마음은 나로 하여금 불행을 느끼게 하고 불만을 품게 하고 심지어 누군가를 원망하게 했기 때문이다. 새의 마음 같은 거 허황한 거라고, 당장 버리라고, 암묵적 지속적으로 강요하는 듯한 누구…….

그런데 강요라고? 나, 이 나이에 어울리지 않게 어리광을 부리는 것 같다? 내 탓을 남 탓으로 돌리며? 그래, 말 나온 김에 따져보자. 솔직히 너, 고양이로보다 새로 살아오지 않았니? 큰 날개를 갖지 못하고 또 작은 날개나마 맘껏 활개 칠 수 없었지만. 때로는 그 보잘것없는 날개마저 접어 감춰야 했고……. 아니지, 날개를 접어 숨긴 건 너 자신이지 않을까? 날아오르거나 날아내리기를 또 멀리 날아가기를 겁내 연신 두 발로 종종댄 바로 너 말이야. 어쨌거나 '내 몸속의 새'를 꺼낼 사람, 너 자신뿐인 건 너도 알고 있지?

아코, 깜짝이야! 괴성에 놀라 떨어뜨릴 뻔한 책을 가까스로 다잡는다. 길옆 밭에서 꿩이 갑자기 날아오른 거다, 성급하게 날갯짓하며 무지막지 크고 해괴한 소리로 울어대며. 순간, 번개처럼 뇌리에 꽂히는 깨달음. 새들은 한 가지 방법으로 울고 날지 않는 구나!

다시 걷는다, 저 멀리 새의 머리 같은 한라산이 날개인 양 좌우로 길게 뻗쳐 내린 능선을 바라보며. 눈 뜬 채 새꿈을 꾼다, 베갯잇 속에 넣어둔 내 작고 여린 새를 꺼내는 아니, 내가 작은 새가 되어 날개를 파닥이는. 그런데 이 무슨 박수 소리? 아무도 없다고 생각했는데 이제 보니 새들이 엄청 많다. 동시에 일제히 날아올라 이 나무에서 저 나무로 옮겨 앉는 큰 무리의 작은 새들. 그런데 이상도 하지? 이리저리 새들을 쫓는 눈이 다른 것을 본다. 지금 저기 저 풀섶의 아주 작은 사이, 좁디좁은 틈에 홀로 오도카니 앉아 있을 날개 작은 새, 새의 상도常道를 벗어나 날지 않는 자유를 누리고 있을.

사치와 허영과
아름다움

 카페의 문을 민다. 다행히 주인이 있다. 대추차를 주문하며 내가 아는 체를 한다.
 "저, 오늘 세 번쩬데 기억하시겠어요."
 "아아, 저어 번 때 오셨었지요."
 나보다 열 살은 언니일 여주인이 말끝을 흐린다. 하기는 기억할 리가 있겠는가, 관광지 찻집의 뜨내기손님을.
 카페에 올 때마다 앉았던 테이블에 가방을 내려놓고 코트는 벗어 맞은편 의자에 걸쳐놓고 자리에 앉는다. 가방에서 책과 수첩 등을 꺼내놓고 가만히 창밖을 내다본다. 바로 길 너머의 표선 해변과 저 멀리의 빨갛고 하얀 신천리 등대가, 또 저어만치 달아나 가물가물 하늘과 합쳐진 수평선까지도, 고즈넉하고 편안하다.

 카페에 처음 온 건 제주에서 맞은 두 번째 구정의 며칠 후였다. 명절 쇠러 내려온 아들들과 함께 서울의 요양병원에 있는 친정엄마를 잠깐 만나고 오겠다며 마포집에 올라가, 일방적으로 4박 5일의 주부 휴가를 남편에게 전화 통보하고, 그 마지막 하루를 보내기 위해 이곳 표선에 왔었다. 그것도 굳이 비행기가 아닌 기차로 부산에 내려가 거기서 밤배를 타고……. 내가 이런 내 생애 최초의 막가파 홀로 여행을 시도하고 남편은 남편대로 울며 겨자 먹기식으로 내 외출을 허락한 것은 거짓말 때문이었다. 그런 게 아니라고 억울해했지만, 또 나름의 사정이 있을지언정 남편이 진실하지 않았던 건 사실이었다. 표선을 택한 건 제주로 이사 오기 전, 언젠가 문학여행으로 온 적이 있어서였다.

 두 번째 방문은 남편과 함께였다. 주부 휴가에서 돌아오고 얼마 지 않아 서울에 용무가 생긴 시아버님이 일산 시누이 집에 가신 틈을 타, 동쪽 성산의 친구와 2박의 약속을 잡고 가던 중, 남편에게 점심을 표선에서 먹자고 내 쪽에서 말했다. 궁금해할 것 같아서였다. 아내가 홀로 여행하며 묵었던 호텔과 혼자 밥과 차를 해결한 장소를. 말하자면 재방문은 남편에게 연시와 대추와 자두와 망고가 섞인 듯한 이곳 카페의 대추차를 맛보이고 싶은 마음도 있었지만, 내 막가파 여행을 마무리 내지는 봉합하고 싶어서였다. 그리고 지금, 오늘이 세 번째다.

실은 어제, 아버님과 사소한 문제로 부딪쳤다. 엄격히 말하면 내 쪽에서 아버님의 습관에 딴지를 건 것인지도 모른다. 거슬러 평화를 깬 건 나라는 얘기. 하지만 속상했다, 지난 30여 년이 되돌아보이지고 앞으로의 날들이 암담해질 정도로. 그렇게 조금은 서글픈 마음으로 저녁 시간을 보내고 자기 전 양치질을 할 때였다. 불쑥, 지난 막가파 홀로 여행에서의 다짐이 생각났다. 뒤늦게 남 탓할 바에는 숫제 내 하고 싶은 일을 하자는. 그 순간 내가 하고 싶은 건 잠시나마 내 장소, 내 일상을 벗어나 홀로 되는 것. 당장 남편에게 내 심정을 전했다. 남편이 다른 제안을 했다, 함께 집을 떠나 펜션만 정해놓고 이틀 동안 각자 하고 싶은 일을 하자는 것이었다. 이름하여 함께하는 따로 여행.

지금 남편은 더 동쪽으로 차를 달리고 있을 것이다. 내가 카페나 펜션에서 책을 읽으며, 글을 끼적이며, 한들한들 시간을 보내고 있을 때 지미오름과 광치기 해변을 카메라에 담겠다고 했다. 저녁 식사는 이따 펜션 근처에서 함께 하기로 하고.

너른 모래톱에 부메랑 모양으로 길게 굽은, 제법 큰 웅덩이가 시선을 잡아끈다. 바다가 멀리 밀려나며 만들어진 깊이 없는 물길일 텐데 그 색이 참으로 신비하다. 바깥은 파도처럼 흰빛을 머금은 연 파랑이고 그 색이 중심으로 갈수록 진해져 가운데는 바다처럼 진한 파랑이다. 하늘을 반사하고 있어서일까? 아님, 작으나마 그 자체 바다이어서?

발소리가 다가오며 테이블에 대추차가 내려진다. 여주인에게 고맙다, 인사하며 한 모금 삼킨다. 아, 목구멍을 타고 내려가는 갈쭉 달짜근한 뜨끈함…….

여전한 맛이다, 위로가 마음 갈피갈피 스미고 영양이 세포 하나하나에 흡수되는 듯한. 태풍과 천둥과 벼락으로 붉어진 차茶이기 때문이리라. 무서리와 땡볕과 초승달로 둥글어진 차茶여서리라. 그런데 이상도 하지! 내 입꼬리가 슬그머니 올라간다. 이유 없이 가슴까지 띈다. 달라진 건 인상 좋은 여주인이 만들어 준 뜨거우면서 건, 붉은 밤색의 차를 뱃속으로 천천히 흘려보냈을 뿐인데……. 모래톱과 바다와 등대를 바라봤을 뿐인데…….

이 카페가, 어쩌면 대추차가, 해방구라는 생각이 머리를 스친다. 해방구는 『밤이 선생이다』(「상상력 또는 비겁함」, 황현산 지음, 난다, 2013)에서 배운 말로, 현실의 직접적인 억압과 고통에서 벗어나 현실의 법칙과는 다른 법칙을 갖는 별도의 세계다. 작가는 드라마나 게임 등을 예로 들며 '해방구에 잠시 살기 위해서는 현실에서 그 대가를 치러야 한다'는 말을 덧붙인다.

괜스레 찻잔을 감싸듯 잡아본다. 갑자기 미안해진다. '내 하고 싶은 일'의 대가가 내가 아닌, 다른 사람을 곤란하게 하는 것이면 어쩌지, 싶어진 것.

손이 따뜻해진다. 손으로 빚은 듯 투박한 잔의 온기가 내 손으로 옮겨오고 있다. 그러고 보니 밤색과 주홍 점이 아롱아롱 박힌 쑥색의 잔이 참으로 멋지다. 1.5센티는 됨 직한 컵의 견고한 밑굽과 3센티 너비의 손잡이도 보기에 듬직하다. 잔을 쓰다듬듯 만지다 바닥에 남은 대추차를 천천히 들이켠다. 따뜻해진 몸과 마음으로 테이블에 꺼내 놓은 김애란의 산문집(『잊기 좋은 이름』, 「나를 키운 팔 할은」, 열림원, 2019)을 끌어와 펼쳐 읽는다.

> 나는 우리 삶에 생존만 있는 게 아니라 사치와 허영과 아름다움이 깃드는 게 좋았다. 때론 그렇게 반짝이는 것들을 밟고 건너야만 사는 시절도 있는 법이니까.

해방구라는 말에 은근히 꺼둘리고 있었던 걸까? 투정이니 심술이니 심지어 '뒤늦게 배운 도둑질'이니 하는 말로 어기대는 내 다른 쪽 마음에게……? 문장을 읽는 순간 눈앞이 환해졌다. 가볍고 편한 명분을 찾은 느낌이라고나 할까. 아니, 보다 쉽고 유쾌한 대가를 발견한 기분!

    자유롭고 자주적인 인간인 양 어깨를 으쓱 펴본다. 이제부터 마음껏 신나게 누려볼 생각이다, 이 장소와 이 시간과 이 차를, 저 멀리 햇살에 반짝이는 파도와 주인마저 자리를 비운 고즈넉한 카페와 젊은 작가의 젊은 문장들을. 그러니까 시부모님과의 오랜 동거를 이어가게 하는 반짝이는 것들을. 해방구가 아닌, 내 삶에 깃든 사치와 허영과 아름다움으로…….

무의미하고 하찮기에
우리

 어쨌거나 녀석들, 명랑하게 받아들였으니 적어도 내 진심, '무조건 네 편임'은 전달된 것 아닐까? 아니지, 잠깐 통화로 녀석들 기분을 어찌 알겠어. 에미 맘 편하게 해주려고 그런 척하는 건지…….

 고민 중이다. 다시 블로그에 플러스 마이너스 제로를 노리는 글을 써야 하나 싶어서다. 고개를 저으며 노트북을 연다. 걱정은 미국에서 직장생활 하는 아들과의 통화 후 시작됐다.

 "엄마, 코로나19 걸렸다면서요. 괜찮아요?"
 "어머, 너 어떻게 알았어?"

"민지가 엄마 블로그에 들어갔었거든요."

'내 블로그에 들어오기도 하는구나, 녀석들!'

속으로 놀랐지만, 더 이야기하면 겸연쩍어질 것 같아 나는 빨리 말을 이었다.

"오오, 그랬구나. 엄마 다 나았어. 약에 취해선지 하루 종일 잠이 쏟아지더라고. 내리 3일을 자고 났더니 괜찮아졌어."

"다행이네요. 근데 엄마, 나 안됐어요."

쿵 하고 심장이 떨어졌다. 조금 전과는 다른 놀람 아니, 충격이었다. 녀석이 그렇게나 힘을 쏟아붓던 일이 좌절되었다는 이야기이기 때문이었다. 그것도 최종 단계에서! 민지가 옆에 있으면 말하기 더 힘들 것 같아 새벽 일찍 일어나 전화하는 거라는 아들……. 뭐라 말해야 할지, 입이 떨어지지 않았다. 일을 계획하고 진행할 때마다 녀석이 얼마나 공을 들이고 얼마나 애를 쓰는지, 그 결과가 나쁘면 또 얼마나 가슴앓이를 하는지, 알고 있기 때문이었다. 아마도 나는 '많이 속상하겠구나, 그래도 괜찮아. 괜찮을 거야'라며 얼버무렸지 싶다. 또 시간이 지나면 이것도 별거 아니었음을 알게 될 거라는, 오히려 더 좋은 기회가 찾아올 거라는 뻔하디 뻔한 말을 두서없이 덧붙였지도 싶다. 너는 다 잘 될 사람이니 너무 애쓰지 말고 너무 낙담하지 말라는 말도 아마……. 그즈음 내게 있었던 이런저런 일들을 늘어놓으며 민지와 외출해 맛있는 거 사 먹고 기분 전환하라는 말로 통화를 끝내지 않았을까.

  그런데 전화를 끊자 불쑥 당혹스러웠다. 안 그래도 기운 빠진 아들을 더 맥 빠지게 하는 이상한 엄마는 아니었나 싶어서였다. 때마다 일마다 의욕을 북돋고 투지를 일으켜 주기는커녕 너무 잘 하려 하지 말라고, 너무 힘들게 살지 말라고, 당부하는 엄마가 제대로 된 엄마인가 싶은……. 며칠 후 블로그에 글을 올렸다. 더하기 빼기로 균형을 잡아야겠다는 불순한 의도를 가지고서였다. 내용은 설교 중 목사님으로부터 들은 중꺾마(중요한 것은 꺾이지 않는 마음) 예화와 신문 칼럼에서 읽은 모소 대나무에 대한 것이었다. 그러니까 사회활동을 막아서는 이런저런 벽을 넘어 73세에 실버 모델이 된 종가 며느리 윤영주 씨와 첫 4년 동안은 고작 몇cm를 자라다 이후 6주 만에 15m까지 훌쩍 자란다는 대나무에 대한…….

  시간이 흘렀고 어제 밤늦게 다시 아들과 영상통화를 했다. 며느리 민지도 함께였다. 다행히 아들은 기분을 회복한 것 같았다. 내 글 때문은 아니었다. 녀석들, 봤으면 봤다 할 텐데 말이 없었다. 약간은 마음을 놓은 채 이런저런 근황을 나누다 휴가 이야기가 나왔다. 먼저 내가 말했다. 큰 이모 외삼촌 부부와 순천과 여수에 가서 이것저것 할 거라며. 그리고 물었다. 너희는 휴가 안 가냐고.

"엄마, 우리 다음 달에 스페인하고 프랑스 다녀올 거예요."

"와, 너희는 정말 국제적이구나."

민지가 웃음 섞인 목소리로 끼어들었다.

"어머니, 스페인은 친구가 자꾸 자기네 집에 놀러 오라고 해서 가는 거고요, 파리는 결혼식이 있어서 가요."

"그래? 그러니까 진짜 국제적인 거지! 그냥 놀러 가는 것도 아니고 친구 초대로, 결혼식 참석차 가는 거니 말이야, 하하하."

웃음으로 흐려진 내 말끝에 민지가 달라붙었다.

"이참에 어머니, 미국에 오시면 좋겠어요. 하객들을 위해 신랑 신부가 고성古城을 빌렸대요. 정말 멋지죠! 어머니, 오세요. 워싱턴에서는 파리, 별로 멀지 않아요."

아들 며느리의 굉장한 휴가 계획 때문이었을까. 우울감에서 빠져나와 일상으로 복귀한 아들이 기뻐서였을까. '그럴 수 있으면 얼마나 좋겠니'를 뱉어낸 내 입이 술술술 말을 뿜어내기 시작했다.

"참, 엄마 오늘 『무의미의 축제』 읽었다. 얼마 전 94세로 생을 마감한 밀란 쿤데라의 마지막 작품. 왜 있잖아. 『참을 수 없는 존재의 가벼움』으로 유명한 체코 작가. 와아,

그 소설 정말 놀랍더라. 한 편의 잘 짜인 연극을 보는 것 같더라고. 문장이 간결하고 아름답고 철학적이고 신비롭기까지 하더라니까. 제목에 들은 무의미의 의미는 마지막 부분, 소설 속 인물 라몽의 말로 전해지는데 하찮고 의미 없다는 게 존재의 본질이래. 그걸 인정하고 그걸 무의미라는 이름 그대로 부르려면 용기가 필요한데 우리는 그걸 인정하는 것에서 그치지 말고 사랑하기까지 해야 한다나. 엄마, 완전 동감했잖아. 엄마도 정말 그렇게 생각해 왔거든. 우리를 둘러싼 모든 것이, 우리가 욕심부리고 정색하고 하는 것들이, 결국은 무의미해지리라고. 애들아, 우리 삶이 하찮고 의미 없음, 그대로 인정하고 얽매여 휘둘리지 말자꾸나. 결국은 무의미한 삶, 지금 마음껏 살고 현재를 한껏 사랑하자꾸나."

아들과 며느리는 크게 웃으며 그러겠다고 했다. 하지만 나는 전화를 끊자마자 또다시 당황했다. 겨우 안정을 되찾은 앞길 창창한 젊은 부부를 향해 어미란 작자가 무의미니 하찮다느니 괜한 소리를 해댄 것 같아서였다. 또 내가 밀란 쿤데라를 제대로 이해하기는 한 건지 갑자기 자신 없어서였다. 나는, 나와 너란 존재의 무의미하고 하찮음을 미리미리 인정함으로 유연해지자는 것으로 읽었는데, 서로를 긍휼히 바라보자는 것으로. 그래서 서로에게 너그러워지고 모두에게 정성스러워지고 싶어진 건데. 마침내 지구라는 시간과 공간에서 벗어날 때까지……. 한숨을 쉬며 곧 잠자리에 들었지만 내내 꿈이 어지러웠다.

'내 블로그'에 커서를 옮겨 클릭한다. 글쓰기 화면을 띄워놓고 괜스레 마우스를 움직인다. 뜬금없이 어릴 적 엄마와의 실랑이가 생각난다. 밥 먹을 시간도 없다고 툴툴대던 내게, 일상이란 시험 준비기간은 물론 시험 기간에도 계속되는 거 아니냐며 은근히 설거지 당번임을 상기시키던 엄마였다. 문제를 잘못 읽는 바람에 시험을 망쳤다고 징징대면, 한두 문제 더 틀렸다고 망가지는 인생이 아니라며 이리와 부침개나 부쳐 먹자던, 먹고 힘내라던, 엄마였다. 하지만 당시의 나, 엄마의 말에 아랑곳하지 않았던 것 아닐까. 설거지는 시험 한 달 전부터 미리미리 안 했고 오늘 망친 과목, 내일 시험으로 만회해야 한다며 부침개는 책상으로 가져와 먹곤 했으니 말이다.

노트북을 덮는다. 글을 올리지 않기로 마음먹은 것이다. 아들도 내 말에 크게 꺼둘리지 않으리라 생각하는 것이다. 내가 그랬듯 다시 열심히, 애를 태워 가며, 무언가를 하고 있으리라 짐작해 보는 거다. 엄마의 말에 동의하지 않으면서도 슬며시 마음을 놓던 어린 시절의 나처럼, 자기 가책에서 조금은 벗어나……. 그러고 보니 엄마는 일찌감치 존재의 하찮음과 무의미를 알았던 것 같다? 아니 그보다, 어느새 내가 엄마랑 비슷한 사람이 되어버렸다? 그렇다면 아들도 결국엔……?

잃어버린 장면을
찾아서

졸다 책을 떨어뜨렸나 보다. 손을 내려 책을 집어 올리며 흘깃 저편을 살핀다. 여전히 컴퓨터 화면에 바싹 얼굴 붙이고 있는 남편. 지난번 새별오름에서 찍은 사진 보정이 쉽지 않은가 보다. 누운 그대로 책을 가슴에 모아 쥐고 눈을 감는다. 이즈음 갖게 된 버릇이다. 잠에서 깨고도 일어나지 않고 꿈을 더듬어 보는 것. 방금은 잠다운 잠을 잔 게 아니어서 꿈다운 꿈을 꾼 건 아니지만…….

『잃어버린 시간을 찾아서』(마르셀 프루스트 지음, 김희영 옮김, 민음사, 2012)를 읽고 있다. 주인공이 홍차에 마들렌을 녹여 먹다 어린 시절을 회상한다는, 읽기 시작한 사람은 봤어도 다 읽은 사람은 별로 보지 못했다는 길고도 긴 소설. 읽기도 전에 질려버리는 이 책을 읽기 시작한 건 우연이었다. 얼마 전 서울에 가 책방에 들렀는데 이상하게도 그날 매대에 놓인 M사의 새 번역 책이 내 눈에 친절해 보였다.

2권만 놓여 있어서였을까? 얼핏 벽지처럼도 보이는 표지가 가볍고 경쾌해서 인지도 모른다. 미색 바탕에 식물(아마도 산사나무)의 이파리로 보이는 것들이 빨간 열매와 함께 무질서하게 배치돼 있었는데, 그 잎의 색이 하나는 청벽색이고 하나는 연남색이었다. 아닌가? 그보다는 뒤표지에 실린 추천의 글에 매료되어서일까? 존경해 마지않는 버지니아 울프의 '진정으로 내게 가장 큰 체험은 프루스트다. 이 책이 있는데 과연 무엇을 앞으로 쓸 수 있단 말인가?'도 자극적이었지만 결정적인 한 방은 앙드레 모루아였다. '세상에는 두 종류의 사람, 프루스트를 읽은 사람과 읽지 않은 사람만이 있다'고 한.

그러니까 앞서 말한 잠에서 깨고도 뭉개는, 이즈음의 버릇이란 이렇게 읽기 시작한 프루스트의 문장에 반하는 바람에(그것도 몇 페이지 넘기지 않아) 생긴 것이다.

잠든 사람은 자기 주위에 시간의 실타래를, 세월과 우주의 질서를 둥글게 감고 있다.

프루스트는 이어 말한다. '잠에서 깨어나면서 본능적으로 그 사실을 생각해 내기 때문에 현재 위치한 지구의 지점과, 잠에서 깨어날 때까지 흘러간 시간을 금방 읽을 수 있다'라고. '그러나 그 순서는 뒤섞일 수 있으며, 끊어질 수도 있다'고.

솔직히 새 버릇이 가져온 변화는 아직 없다. 지구나 우주에서의 내 위치에 관해 특별히 깨달은 것이 없다는 말씀. 과거를 돌이켜보는 일이 잦아지면서 오랜만에 찾아낸 풍경들은 제법 있다. 지금도 눈앞에 몇 장면이 다가온다. 어릴 적 꿈에서 본 붉은 산이라든가, 그보다도 더 어렸을 때 엄마와 함께 간 절의 벽에 빈틈없이 붙어있던 송충이들이라든가……. 그중에서도 제일 큰 폭으로 내 마음을 진동시키는 건 우산 속의 남편과 나다.

도쿄, 기타센조쿠의 집에서였다. 박사과정에 있던 남편은 저녁 식사 후 다시 연구실로 가 아주 밤이 늦어서야 집에 돌아오곤 했는데 그날은 남편이 현관 밖에서 나를 불렀다. 비도 오는데 어서 들어올 생각은 않고 오히려 나보고 나오라는 것이었다. 무슨 일인가 싶어 문밖으로 발을 내미는데 남편이 나를 우산 속으로 끌어당겼다. 어깨를 감싸 안으며 함께 쪼그려 앉았다.

"들어봐, 빗소리. 참 좋지?"

아, 죄송! 닭살주의를 미리 알렸어야 했다. 하지만 다 옛날 옛적의 일이다. 퇴직 후 제주로 이사 와서는 둘이 어찌나 으르렁대며 싸웠던지, 함께 사는 아버님이 1층 계단에서 2층의 우리를 향해 '너네, 왜 그러니?' 하고 애절히 외치는 일까지 있었을 정도다.

아무도 궁금해하지 않을 사실을 덧붙이자면, 남편은 어릴 적 친구다. 한 동네에서 한 교회를 다니며 자라 두 사람 공히 다른 사람과는 연애 한 번 못 해보고 결혼했다. 그리곤 서로 바빴다. 남편은 남편대로 공부하고 취직하고 돈 버느라, 나는 나대로 시부모님 모시고 아이들 낳아 기르느라……. 서로 첫사랑의 콩깍지를 그대로 붙인 채, 심지어는 덧붙여 가며 세월을 보낸 것이었다. 결과는 서로 현실과는 다른 이상적 인물을 창조해 낸 것. 하루 종일 둘이 집에 붙어있게 되면서 처절히 알았다, 그 괴리를. 그것도 급작스레! 지금은 서로 실망하고 서로 포기하며 나름 평화를 찾은 상태다.

한숨과 함께 누운 채 책을 펼친다. 조용히 눈으로 글을 좇는다.

> 우리의 사회적 인격은 타인의 생각이 만들어 낸 창조물이다. …… 눈앞에 보이는 존재의 외양에다 그 사람에

대한 우리 모든 관념들을 채워 넣어 하나의 전체적인 모습으로 만들어 낸 것이다. 그러므로 이 전체적인 모습은 대부분 그 사람에 대한 관념들로 이루어져 있다.

 갑자기 반성 비슷한 게 일어난다. 새로운 환경에 적응하려면 혼란을 겪는 게 당연한 건데, 잠시 잠깐만 참아주면 도로 제자리를 찾을 일인데, 내가 너무 급하게 또 너무 쉽게 옛 감정을 쓸어버린 건 아닐까, 싶어진 거다. 그 자리에 나쁜 관념만 채워 넣은 건 아닐까……. 그뿐인가, 슬며시 한 장면이 떠오르기까지 한다, 무게와 감촉까지 생생하게. 일본 생활을 시작하고 얼마지 않았을 때였다. 유리창이 우는 소리가 들리는가 싶더니 바닥이 흔들리면서 가구들이 소리를 내기 시작했다. 순간, 남편이 이불 위로 내 몸을 덮치듯 감쌌다, 방패처럼! 잠결에 화들짝 놀라다 말고 이내 안심하던 나였다.

 일어나 앉아 남편 쪽을 바라본다. 결단하듯 소파에서 일어난다. 마음에 어떤 충동이 느껴지면, 그것이 다른 사람을 해치는 것이 아닐진댄, 실행에 옮기자는 평소의 소신을 따르려는 것이다. 경험상 마음을 울리는 잔잔한 감동은 선한 것일 확률이 높았다.

가까이 다가가자 남편이 '또 왜?' 하는 어정쩡한 눈빛으로 나를 쳐다본다. 내가 말한다. "나, 자기가 지금껏 잘못한 거 다 용서하기로 했어." 남편의 눈망울이 와싹 커진다. 서둘러 손 내밀며 내가 덧붙인다. "자기도 나 용서해 주라." 내 손을 머뭇머뭇 잡으며 남편이 계면쩍은 표정으로 말한다. "알았어. 그럴게. 근데 너는 용서할 게 별로 없어."

어뜩, 남편의 데스크톱 스크린 속 나와 눈이 마주친다. 내가 새별오름의 활짝 편 억새들 앞에서 어수룩이 웃고 있다.

작업실에서

 싹이 죽었다. 3박 4일 서울에 가 있는 동안 수박 싹이 맥없이 죽어버렸다. 죽다, 뿐인가. 실처럼 가늘게 말라비틀어져 자세히 보지 않으면 그게 싹이었는지, 한동안 생명이 있었는지조차 알 수 없다. 처음부터 불안하기는 했다. 날도 더운데, 그것도 작업실 배수구 거름망에 뿌리를 내릴 게 뭐람…….

 싹을 발견한 것은 싱크대에서 붓을 씻으려 할 때였다. 싹은 두 개였다. 크기는 조금 달랐지만 둘 다 여리디여린 투명 줄기 끝에 푸른 잎을 매달고 있었다. 그 며칠 전 작업실에서 수박을 먹기는 했다. 평소 접시나 쟁반을 작업실에서 씻지 않는데 손이나 포크, 어딘가에 씨앗이 묻어 있었지 싶다. 이후로 싱크대를 자유롭게 쓸 수 없었다. 수도를 틀자마자 둘 중 작은 싹이 고꾸라지면서부터였다.

수박 싹 전에는 싱크대에 그리마가 살았다. 녀석도 우연히 발견했다. 싱크대 벽이 각진 직육면체로 되어 있어 그리마 등등이 어쩌다 빠지면 도무지 기어 나올 수 없었다. 그리마를 봤을 땐 수박 싹과는 다른 생각을 했다. 입 밖으로 말하지는 않았지만 '이 녀석 좀 보게. 어디 한번 당해 봐라' 하며 물을 세게 틀었다. 물살에 놀란 녀석은 이리저리 몸을 피했지만 결국 배수구로 휩쓸려 들어갔다. 그러고는 그만이었다.

녀석을 다시 발견한 건 손을 씻을 때였다. 녀석이 살아 있었다. 그새 학습이 되었는지 물소리가 나자, 구석에 놓아둔 수세미 위로 재빠르게 올라갔다. 안됐다는 생각이 들었다. 마당에 놓아 줄까도 생각해 봤지만 불가능했다. 도망치는 데만 급급한 녀석을 핀셋으로 집을 수도 없고……. 사과껍질을 싱크대 한쪽에 놓아주었다.

이후 작업실에서 무엇을 먹을 때마다 조금씩 떼어 녀석에게 주었다. 물은 녀석을 피해 사용했다. 시간이 흘렀다. 어느 날 녀석이 보이지 않았다. 이상했다. 죽은 흔적이 없었다. 더욱 이상한 것은 내 마음이 아쉽고 서운했다는 것. 다음날이었다. 그리마 한 마리가 다시 싱크대 바닥을 분주히 오가고 있었다. 어이가 없었다. 다른 녀석이겠지 싶어 자세히 살펴봤지만, 아니었다. 분명히 그 녀석이었다. 그렇다면 녀석이 가파른 벽을 기어올랐다는 말씀? 그렇다면 왜 또다시 함정에? 이후 녀석은 있다 없기를 반복하다 1주일 후 완전히 사라졌다.

  수도를 튼다. 물소리와 함께 바싹 마른 줄기가 물살에 휩쓸려 배수구 망으로 들어간다. 사위 조용한 밤이어서일까, 괜스레 허무하다. 언제는 이렇듯 힘들게 살게 하느니 그냥 죽게, 오히려 빨리 죽게 해주는 게, 녀석들을 돕는 길 아닐까, 갈등까지 했으면서 말이다. 싹이나 그리마를 내버려 둔 건, 물과 먹이를 준 건, 세상에 나온 이상 생명을 누리고 싶어 할 것 같아서였다. 그들에게는 그들만의 시간이 있고, 그 시간은 그들에게 치열하고 의미 넘치는 것이겠지 싶어서였다. 아니, 실은 어떤 시선을 느낀 때문이었다. 끝이 뻔한 인생을 허덕허덕 살아가는 나를 향한, 초월적 공간으로부터의 어떤 시선……

  머리를 흔들어 생각을 털어낸다. 텃밭과 잔디밭에서는 해충이라는 이름으로 아무렇지도 않게 벌레를 잡아 죽이고 내 작물이 아니라는 이유로 마구잡이 풀을 뽑아대는 내가 이런 감상에 젖는 건 아무래도 낯 간지럽다. 아니, 그렇지만은 않으려나? 나의 이 뻔뻔한 연민은 내 작업실이라는 특수한 공간이 일으킨 것이니 말이다. 작은 별 B-612에 사는 왕자의 마음에 움튼, 한 송이 장미를 향한 연정처럼.

  날갯짓 소리에 뒤를 돌아본다. 반딧불이가 꽁지에 파란 불을 켠 채 어지럽게 날고 있다. 참으로 이상도 하지! 방충문을 잘 닫았는데 어떻게 들어온 건지 모르겠다. 일전에는 정체불명의 새가 날아든 적도 있었다.

  그날, 아침이었다. 환기하러 작업실에 가니 바닥에 조그만 짐승이 죽어있었다. 전체적으로 연갈색인 작은 몸통과 그보다도 훨씬 작은 머리 생김새로는 새이지 싶은데 얼핏 이파리처럼도, 하트처럼도, 보이는 날개는 나비 같았다. 나비라면 무지막지 큰 나비이고 새라면 너무도 작은 새였다. 생각해 보니 전날 저녁, 어디선가 날개 부딪는 소리를 들은 것도 같았다. 어찌할까, 고민하다 일단 그대로 두었다. 내버리기에는 모습이 너무도 예쁘고 신기했다. 사진이라도 찍어야 할 것 같았다. 혹시 가능하면 보존 처리도 시도해 보고 싶었다.

  아침 일을 마치고 다시 작업실에 갔다. 새가 없었다. 아니, 나비가 아니, 의문의 날짐승이……. 죽은 줄 알았는데 그렇지 않았던 거였다. 구석구석 꼼꼼히 작업실을 살폈다. 바닥에 빨간 피 두 방울이 떨어져 있었다. 바로 위의 유리

천창을 올려다보았다. 유리에는 어떤 흔적도 남아 있지 않았다. 지금도 그 생명체가 무엇이었는지 모른다. 그래서 죽었는지 살았는지도, 이후 작업실을 떠났는지 못 떠났는지도.

반딧불이가 나갈 수 있게 방충문을 연다. 하지만 녀석, 엉뚱하게도 오히려 안쪽 구석진 곳으로 날아가 어지럽게 허둥댄다. 모기만 들어오네, 싶어 다시 문을 닫고 청소나 하자며 책상 위를 정리한다. 책 위의 먼지를 털어내고 바닥을 닦다, 저만치 앞쪽 죽은 듯 내려앉은 반딧불이를 발견한다. 지쳐서 죽은 걸까? 아니지, 신비한 새처럼 죽은 듯 쉬고 있는 것인지도 모른다.

종이를 밑으로 밀어 넣어 조심스레 반딧불이를 들어 올린다. 방충문을 열고 받쳐 올린 반딧불이를 털어낸다. 휘리릭 반딧불이가 아무렇지도 않게 캄캄한 하늘로 날아오른다, 꽁지의 파란 불로 이리저리 선을 그으며……. 한참을 쳐다보다 문을 닫는데 문득, 이 작업실이 숲이라는 생각이 머리를 스친다. 정확히는, 이 방을 나만의 숲으로 삼자는 생각이. 힌두교에서 말하는 임서기林棲期를 떠올린 거다.

방을 숲 삼는다니, 억지도 이런 억지가 없겠다. 하지만 작업실이 온통 종이나 목재로 화化한 나무인 건 사실이다.

숲에서처럼 싹도 나고 제한적이지만 벌레가 깃들기도 하고. 무엇보다 내 나이가 50에서 75세까지의 임서기, 딱 그 나이이지 않은가. 임서기란 힌두교에서 말하는 인생 4단계(범행기梵行期, 가주기家住期, 임서기林棲期, 유행기遊行期)의 세 번째로 숲속으로 들어가 검소한 종교 생활을 실천하는 기간이다. 숲이라 해서 꼭 심산유곡일 필요도 없고, 숲에 든다고 해서 사회와 완전히 단절하는 것도 아니라 들었다. 가족과 만나기도 한다는 말씀. 힌두교인은 아니지만 관계에서 떨어져 나와 차분히 남은 생과 죽음에 대한 마음가짐이랄까 태도를 추슬러보는 건 좋은 일일 듯싶다. 삶의 의미와 존재 이유에까지 나아가면 더 좋겠지만.

다시 작업실 바닥을 닦는다. 아내나 며느리나 엄마가 아닌, 지구촌 뭇 생명 중 하나로서 내 영혼의 모습을 상상하면서다. 아름다운 날개를 가진 새 같기도 하고, 꽁지에 반짝이는 불을 단 반딧불이 같기도 한……. 죽은 듯 죽지 않고 사라져도 존재하는…….

담장과 반지하

 태풍이 다가오고 있다. 벌써 바람이 세다. 남편이 마당을 분주히 오간다. 사다리며 화분이며 호미며 심지어 들고양이 집까지 옮기고 있다. 혼자 애쓰는 게 고맙기는 하지만 저건 아니지 않을까? 내가 방충망에 붙어 큰소리로 외친다.
 "태풍 오는데 집 치우면 어떡해요! 비바람에 고양이들, 어디에 있으라고요?"
 남편이 볼멘소리로 대답한다.
 "알았어. 그럼 고양이집, 날아가지 않게 안에다 돌멩이 큰 거 넣어 둔다."

이번 여름, 80년 만의 기록적인 폭우로 중부지방이 큰 타격을 입으며 21세기 대한민국 서울의 중심가, 강남 일대에서조차 믿어지지 않는 일들이 벌어졌다. 건물과 자동차와 도로가 상한 것은 물론 곳곳에서 인명사고가 일어났던 것. 거동이 불편한 분들과 반지하에 살던 분들의 피해가 컸다. 반지하의 집을 전부 없애야 한다는 의견이 쏟아져 나왔고, 서울시에서는 반지하주택 건축허가를 금지하고 지하나 반지하 건축물의 주거 용도 임차를 비주거용도로 바꿀 거라고 한다.

　하지만 반지하나 지하, 또 옥탑방에 사는 건 이유가 있어서이지 않을까? 고개가 저어진다. 일이 터졌다고 즉각, 일망타진하듯 반지하 집을 없애기보다 서둘러 물길을 정비하고 확충하는 것이 보다 직접적으로 주민을 돕는 길 같아서다. 새로운 정책은 시간을 두고 세심히 따져서 만들기로 하고…….

　실은 내가 반지하에 산다. 집을 지을 때 설계사가 제주의, 특히 판포 바다의 거센 바람을 막겠다며 집 전체를 1미터 땅 밑에 앉혔다. 아닌 게 아니라 포구 쪽 옛집 중에는 우리처럼 길보다 낮은 집이 많다. 그럼에도 동네에서 우리 집은 유별난데 길에 면해 우뚝하니 가벽을 세웠기 때문이다. 역시 방풍을 위해서다. 담장도 높아 2층 남편의 공간에서는 길 너머의 바다까지 보이지만 내가 주로 있는 작업실이나 부엌, 마당에서는 집 바깥이 보이지 않는다. 덕분에 집의 용도를 의아해하는 사람이 많다. 창고일까, 하며.

실제로 바람은 도움을 받는 것도 같다. 하지만 물이 문제다. 현무암 지대라 물 빠짐이 잘 되고 집이 언덕 위에 있어 다행이지, 큰비 예보라도 있을라치면 걱정 많은 남편은 바싹 긴장한다. 간단없는 반나절을 수로와 마당 치우는 데 쓸 정도다. 나뭇잎 등에 혹여 물길이 막힐까, 말끔히 쓸어내는 것이다. 습기도 다른 집보다 많지 싶다. 이런 단점 혹은 우려에도 불구하고 내가 설계사의 반지하 구상을 받아들인 건 뇌 주름 깊숙이 새겨진 매력적이면서 강력한 한 장면 때문이었다.

10년쯤 전이었다. 갓 결혼한 조카가 집에 놀러 오라고 했다. 안 그래도 궁금해하던 차였다. 당장 달려갔고 스마트폰 앱이 알려준 푸른 대문의 이층집 앞에서 조카에게 전화를 걸었다. 그런데 이상했다. 조카가 이층집이 아닌 담장 옆 철 울타리 쪽문에서 환히 얼굴을 내미는 것이었다. 어서 오시라, 손짓하는 조카의 뒤를 따라 계단을 내려갔다. 그리고 보았다, 살아있는 그림이 담긴 사각 액자를! 꽃과 나무와 잔디와 바람과 햇살과 흙냄새로 실시간 풍경화를 그리는 창틀을!

거실 벽의 어깨높이 사각 창문 안에 뜰의 정경이 고스란히 들어와 있었다. 아래 창틀 바로 위로 진 고동 흙 띠가 길게 이어지고, 그 윤기 흐르는 흙 띠 위에는 푸릇푸릇 잔디가 솟아 있는. 그 잔디 위로는 국화가 노랗게 소담스러운 봉우리를 피워올리고 있고……. 꽃과 잔디엔 방금 물을 주었는지 이슬처럼 작은 물방울이 맺혀 있었다. 푸른 잔디 저 너머로는 살짝 잎이 물들기 시작한 감나무와 단풍나무가 잎을 바스락대고 있었다.

화장지와 세제를 거실 바닥에 떨어뜨리며 창으로 빨려들듯 다가갔다. 그리곤 한참을 그대로 창 앞에 서 있었다. 나 자신이 커다란 사각 화분에 심긴 꽃이 된 듯한 기분이 들었다. 뿌리인 양 두 다리를 뻗어 내리고 이파리처럼 두 팔을 흔들며 얼굴을 피우고 있는 사람 꽃이 된 듯한.

조카는 그 집에서 오래 살지 않았다. 첫애를 낳으면서 집을 옮겼던 것으로 기억한다. 잠시 잠깐 즐기면 되는 나와 달리 매일을 살아야 하는 조카에게는 반지하 생활이 쉽지 않았을 것이다. 갓난아기와 함께는 더더욱.

바람이 창을 윙윙 울려댄다. 남편은 이제 수로 위에 얹어둔 철망을 모두 들어내고 마당에 엎드린 자세로 수로 바닥을 박박 쓸고 있다. 안 봐도 뻔하다. '내 다시는 땅 파고

집 짓지나 봐라'를 구시렁대고 있을 것이다.

 이제 나도 일어나야 한다. 아침에 급히 거두어들인 고추는 닦아 건조기에 넣어야 하고, 씻어 물을 빼고 있는 깻잎으로는 장아찌를 담가야 한다.

 그런데 이상도 하지, 빨갛게 익을 대로 익은 우리 집 고추 중에는 내 손톱만 한 것도 있다. 덕분에 수확한 고추들의 크기와 생김새는 말 그대로 자유분방. 깻잎도 슬쩍 걱정이다. 힘들이지 않고 1,200장을 딸 정도로 크기는 잘 컸는데 이파리가 두껍고 뻣뻣하다. 순 따기도 안 하고 가지치기도 못 하고 배움이나 간섭 없이 아껴만 기른 탓이지 싶다.

 부엌으로 내려가는데 조금 다른 생각이 머리를 스친다. 고추와 깻잎의 꼬락서니가 그 지경인 이유, 혹시 설마, 바람에 묻어온 그러나 돌담과 가벽 탓에 쉽게 빠져나가지 못하고 내려앉은 소금기 때문일까, 싶어진 거다.

 기분이 묘하다. 현무암 돌 안에 갇힌 집순이의 삶이 좋다고, 제 그림자로 돌담과 하늘에 글자를 새기는 저기 저 나무 같은 삶이, 바람의 짠 기로 제 몸에 상상·공상의 무늬를 그리는 저기 저 돌멩이 같은 삶이, 내겐 딱이라고 뻐겨왔는데……. 그뿐인가, 창을 통해 스미는 안개로 이탈리아의 전통 햄 쿨라텔로가 숙성되듯 반지하 담장 안, 적막해서 자유로운 삶이 나됨의 괴로움을 성숙시키리라, 혼자 너스레를 떨어왔는데…….

 실상은 그랬는지도 모르겠다, 반지하 담장 안에서 괴롭게 숙성된 건 텃밭의 작물들이었는지도. 배수 염려증에 시달리는 남편의 뼈와 관절도 살짝.

마당의 야생

 조용하다. 옆집 손님들이 드디어 간 게다. 녀석들, 이제 자기 자리로 돌아갔겠지? 커피를 내리며 혼자 웃는다. 안심하는 거다.

 옆집에는 꽃과 나무와 들고양이들이 주인인 양 산다. 사람 주인은 1년에 다섯 번이나 집에 오나? 덕분에 옆집은 대개의 날, 조용하고 적막하다. 아주 가끔, 동네가 스노클링으로 알려진 바닷가 근처라 주로 여름철, 주인 내외의 친구나 친척들이 놀러 올 때 시끌벅적해지는데 그때는 괜스레 나까지 마음 번잡해진다. 사실 나야 인사만 나누면 그만이겠다. 문제는 마당의 데크 밑을 보금자리 삼은 들고양이들. 주인 내외는 녀석들의 점거를 흔쾌히 용납했지만 손님들의 반응을 모르겠는 거다. 이번 손님은 여주인의 언니였다. 아들 며느리, 손자 손녀들과 함께 한달살이할 거라고 했었다.

며칠 전 해가 수평선에 걸릴 즈음이었다. 저녁을 차려야지 싶어 마당을 건너가는데 어디선가 고양이 울음이 가냘프게 들려왔다. 소리를 따라 집 밖으로 나가보았다. 나보다 대여섯 살 어른이지 싶은 여자가 풀숲을 들여다보고 있었다. 땡땡이는 주차장의 자동차 앞에 앉아 가는 소리를 내고 있고……. 무슨 일인가 싶어 여자에게 다가가 인사를 건넸다.

"휴가 오셨나 봐요. 저, 이 집에 살아요."

여자가 뒤돌아봤다. 얼굴에 배시시 미소가 번지고 있었다.

"고양이가 죽었어요. 여기 좀 보세요. 이렇게 작은 고양이는 처음 봤어요. 얼마나 예쁜지……. 이따 아이들이랑 함께 묻어줄 건데, 그동안 여기에 넣어두려고요."

여자가 가리키는 곳을 들여다보았다. 잡초 사이로 새끼 고양이가 입을 살짝 벌린 채 누워 있었다. 깜짝 놀랐다. 집 마당을 드나들던 땡땡이의 새끼였다. 하루 종일 새끼 부르는 소리를 내는 땡땡이를 보며 '녀석들, 이제 컸다고 어미 말을 안 듣는가 보네' 하며 웃었었는데……. 참담해져 죽은 고양이를 살폈다. 얼핏 눈에 상처는 보이지 않았다. 내가 말했다.

"저기 저 녀석이 어미예요. 며칠 전엔 새끼들 지킨답시고 큰 개에게 달려들기까지 했는데……."

여자가 말했다.

"설마 사람이 나쁜 짓 한 건 아니겠지요?"

불쑥 묘한 의구심이 머리를, 섬쩍지근한 냉기가 뒷목을, 스쳐 지나갔다. 하지만 내 입에서 나온 말은 기껏 '제주는 땅 파기가 무척 힘들어요'였고 내 말에 여자는 다시 같은 말, '설마 사람이, 이런 짓 했을라고요?'를 반복했다.

그 밤 나는 잠을 잘 수 없었다. 형제들과 집 마당을 뛰어다니며 놀던, 내가 준 간식을 핥다가도 어미에게 달려가 젖에 매달리던, 녀석의 모습이 선연히 떠올라서였다. 아니, 그보다 땡땡이가 계속 울어대서였다. 땡땡이는 이번이 세 번째 출산으로 지난번에도 애지중지 기르던 새끼 세 마리를 이런저런 사고로 잃었지만, 이번처럼 애달파하지는 않았었다.

다음 날 새벽 어스름에 잠옷 차림으로 밖에 나가 보았다. 땡땡이가 울어 대서였다. 그런데 이상도 하지! 길 한가운데 새끼 고양이가 누워 있었다. 땡땡이는 역시나 주차장에 얕게 우는 소리를 내며 앉아 있고……. 설마 하는 마음으로 다가가 살펴보았다. 새끼 고양이가 또 별다른 상처 없이 입을 살짝 벌린 채 굳어있었다. 너무도 기가 막혔지만 집에서 호미를 가져와 공터의 풀을 뜯어내고 흙을 팠다. 힘들었다. 겨우 파낸 작은 구덩이에 종이로 감싼 새끼 고양이를 넣고 흙을 덮도록 땡땡이는 내 하는 양을 멀찍이서 지켜보고 있었다.

집으로 들어가려는데 옆집에서 젊은 여자가 나왔다. 여자에게 물었다. '어제 어머니와 함께 새끼 고양이 묻어주었냐'고. '오늘 길에서 또 죽은 고양이를 발견했는데 같은 녀석인지 아닌지 알고 싶어 묻는 거'라며.

"아, 고양이요. 엄마가 묻지는 못하고 신문지에 싸서 눈에 띄지 않는 곳에 놓아두었다고 하시던데요."

"그랬군요. 그럼 이번에 낳은 저기 저 녀석 새끼, 모두 죽었나 봐요. 혹시 댁에서도 저 녀석이 우는 소리 밤새 들리던가요?"

여자가 '들렸다'고 말하는 순간, 땡땡이가 몸을 일으켜 우리 앞을 지나갔다. 땅에 끌릴 듯 탱탱 불어 처진 젖을 바라보는 여자의 얼굴이 끔찍하다는 듯 일그러지고 있었다.

그날 이후 며칠, 땡땡이는 밥을 먹지 않았다. 좋아하는 통조림을 따줘도 마찬가지였다. 젖을 말리려는 야생의 지혜인지, 새끼를 잃은 슬픔 때문인지, 알 수 없었다.

커피를 한 모금 머금은 채 책상으로 간다. 생각을 끊어내듯 머그를 탁 내려놓는다. 땡땡이 새끼의 주검을 처음 본 날, 자다 깨다 밤새 머릿속에 써 내려간 소설을 지워버리려는 것이다. 그러니까 새끼 고양이들이 죽은 건 옆집 손님들이 너무 예뻐한 탓이지 않을까 하는, 너무도 귀엽고 사랑스러워 억지로 잡아 되는대로 만지고 아무거나 먹이는 바람에 그리된 것 아닐까 하는, 스릴러……. 근거는 땡땡이가 하루 종일 또 밤새 새끼를 부르며 울 때 옆집 주변을 뱅뱅 돌았다는 것뿐이었다. 외상이 없었다는 것과 함께.

아니지 아냐, 내가 잘 알지도 못하면서 사람을 함부로 의심하고 공연히 미워하고 있다! 이런 얄팍한 인격을 가진 주제에 무슨 자신감으로 오지랖을…….

들고양이들과 사귀게 된 건 우연이었다. 16년을 함께 산 강아지 해피를 오름 어귀에 묻고 얼마 되지 않았을 때, 해질 녘 동네를 어슬렁거리다 고양이를 보았고, 녀석의 예쁜 자태에 홀려 당장 집에서 녀석이 먹을 성싶은 걸 가져와 풀숲 앞에 놓아두었고, 다음 날 아침 씻을 필요가 없을 정도로 반짝대는 그릇을 발견하면서였으니까. 그 녀석이 새끼 다섯 마리를 남겨둔 채 사고로 죽으면서부터였으니까.

이후 녀석들을 간섭하는 방식은 조금씩 바뀌어 지금은

집 마당과 주차장에 사료와 물을 놓아두는 것만 하고 있다. 중성화 수술이나 적극적인 병원 치료를 하지 않는 거다. 중성화는, 개체수를 줄여야 사람과 고양이 모두가 편안해진다는 말에는 수긍하지만 당고양이에게 의사를 물을 수 없다는 점이 마음에 걸리고 치료는, 여간해선 곁을 내주지 않는 녀석들을 병원에 데려가기도 쉽지 않지만 사람보다도 비싼 진료비와 수술비를 겁내는 거다. 보다 근본적인 문제는 언제든 내게, 제주집을 떠나야만 할 필요나 이유가 생길 수 있다는 것이겠지만. 녀석들을 고스란히 놓아둔 채 말이다. 정말이지 모르겠다, 섣불리 야생에 끼어들어 그들의 삶을 바꿀 권리가 내게 있는지, 좋으라고 끼어든 게 오히려 해를 끼치는 건 아닌지……

그런데 언제 왔을까? 3년째 구내염을 앓고 있는 도라가 작업실 문 앞에 죽은 듯 누워 있다. 이런 일은 한 번도 없었는데! 덜컥 겁이 나, 녀석의 이름을 부르며 그 앞에 쪼그려 앉는다. 침과 오물로 꼿꼿해진 가느다란 꼬리를 둥글게 감아만 채 철 수세미처럼 뭉쳐진 가슴털에 힘겹게 머리를 묻고 있는 도라. 내 입에서 조용한 탄식이 흘러나온다.

"도라, 혹시 죽는 거야? 정말 죽는 거야? 그래, 그렇구나. 도라, 걱정하지 말고 편히 가렴. 아줌마가 잘 묻어줄게. 그

동안 고생 많았다, 도라. 잘 가. 좋은 곳에 가서 잘 쉬어."

도라가 눈을 번쩍 뜬다. 멀거니 나를 쳐다보더니 천천히 일어나 무슨 일 있었냐는 듯 마당을 향해 걸어간다. '허어 녀석, 사람 놀라게 하기는!' 그러고 보니 녀석들에게 밥과 물 말고 해주는 게 몇 개는 더 있나 보다. 유심히 바라보고 이름을 지어주고. 마당과 나무를 내주고, 걱정하며 약 타다 먹이고 또…….

문門 꿈 꾸고 쓰는 글 文

 문門 앞에 내가 서 있다. 익숙한 내 집 문이 아니다. 친구나 동생이나 언니네 집 문도 아니다. 교회 문도 아니고 학교 문도 아니고 또……. 아무튼 처음 보는 문이다. 문을 열면 내가 본 적 없는 장면이 펼쳐질 테다. 내가 모르는 사람들이 내가 문을 열거나 말거나 자기 하던 일을 할 수도 있고 알고 지내던 친숙한 사람들이 깜짝 이벤트를 벌여줄지도 모른다. 어쩌면 이빨 사나운 괴물이 발톱을 세운 채 달려들 수도 있다. 나는 망설인다. 하지만 결국 문을 연다.
 다행히 문 안에 맹수는 없다. 사람들만 많다. 전부 내가 모르는 사람들이다. 신기한 것은 그들이 아무렇지도 않게 원래 알고 있던 사람인 양 나를 대해 준다는 것. 나 또한 마찬가지다. 언제 주저했었나 싶게 자연스레 그 문을 통과해 들어가 그곳 사람들과 스스럼없이 이야기를 나눈다. 음식을 함께 만들어 먹고 심지어 함께 청소까지 한다. 그게 오늘만의 일이 아니다. 연 며칠 나는 꿈속에서 문 앞에 서 있고 매번 머뭇대다 문 열고 들어가 생면부지의 사람들과 아무렇지도 않게 어울린다.

아침 일을 마치고 차 한 잔을 만들어 책상에 가 앉는다. 메모 공책을 뽑아 펼치는데 슬며시 아침에 꾼 문䦥 꿈이 생각난다. 도대체 왜 이런 꿈을 자꾸 꾸는 건지 알다가도 모르겠다. 고개를 저으며 연필을 집어 든다. 오늘 해야 할 일을 헤아려 보려는 거다. 얼핏, 떠오르는 건 어제 못한 오이소박이 담그기와 화분에 물 주기. 하기는 이즈음의 내게 뭔 중요한 일이 있겠는가. 어쩌다 글 청탁에 응하는 것 외에.

그런데 어느결에 썼을까? 공책에 문䦥 자ㆍ가 쓰여 아니, 그려져 있다.

나는 문䦥이란 글자가 참 좋다. 모양새만 봐도 즉각 무엇을 의미하는지 알 정도로 직관적인데다 그 구성과 균형이 어여뻐서다. 차 한 모금 입에 담고 공책의 문䦥 자ㆍ 안에 사람을 세워본다. 그러니까 사람 인ㅅ을. 문 열고 들어가는 꿈에서의 내 모습을 형상화해 보는 거다. 그런데 이런 글자 진짜 있을까?

　스마트폰의 사전 앱을 열어 방금 만든 그림글자를 검색해 본다. 와! 있다, 이런 한자. 섬閃이라 읽고 그 뜻은 '빛나다'란다. 갑자기 흥미가 인다. 얼굴에서 화들짝 섬광이 일어나는 느낌마저 든다. 근거 불분명하지만 뭔가 좋은 일이 일어날 것 같은 기분……. 불현듯, 내가 예뻐하는 한자들을 문門 안에 넣어보고 싶어진다.

　노트에 문門 자를 새로 쓴다. 그리고 문 사이로 해님日을 들인다. 머릿속으로는 틈새로 비쳐 드는 햇살을 상상하고 있다. 간격을 드러내는 밀도 희박한 빛을……. 아름답다. 이 신비스러운 글자가 사람人과 만나 다시 사람을 뜻하는 단어, 인간人間이 되는 것이다. 근데 '사람' '사이'가 다시 사람이라는 건 조금 이상하지 않나? 당장 찾아본다. 사전은 사람과 인간人間, 둘 모두를 '생각을 하고 언어를 사용하며 도구를 만들어 쓰고 사회를 이루어 사는 동물'이라 풀이하지만 인간에는 '사람이 사는 세상'이라는 뜻을 덧붙인다. 인생세간人生世間의 줄임말이기 때문이란다.

　고개가 끄덕여진다. 개개의 사람이 하나의 세상을 이루는 데는 사람과 사람 사이의 적당한 간격이 불가결할 거라고 내 맘대로 해석해 보는 것이다. 또 각 사람의 성격과 인품이 다른 것은 그 사람이 취하는 사람과 사람 사이의 틈 때문이고 그 사이들의 어울림이 세상의 조화에도 영향을 미칠 거라고도…….

연필에 침을 묻혀 간間 자 옆에 또 다른 문門을 쓰고 그 너머로 달님月을 이끌어온다. 한가할 한閒이란다. 하기는 문門 열어 달빛 들이는 밤이 바쁘고 요란하고 시끄러울 수는 없겠다. 다시 한閒 옆에 문門을 쓰고 그 안에 불火을 그려 넣는다. 이런 한자, 있으려나, 의심하면서다. 그런데 와, 있다, 불꽃 린閦! 불꽃이 타는 모양을 의미하는 한자란다. 점점 재미있다. 이번에는 문門 앞까지 물水을 몰아가 본다. 오호, 이것도 있다, 파도 거세게 치는 모양 수閖. 과연 태풍이 몰아칠 때 파도가 거세게 일면 바닷물이 바닷가 집까지 밀어닥칠 수 있지 않던가, 문門마저 넘어설 수 있지 않던가.

해일 이는 광경을 털어내며 찻물로 입을 축인다. 다시금 문門 아래 나무木를 세워놓고 찾아본다. 한가할 한閑이란다. 이건 좀 의아하다. 문門과 나무木의 결합이 어떻게 한가라는 뜻을 만드는 건지……. 검색해 보니 원래 이 한자는 문지방을 뜻했단다. 그렇다면 문지방에 무거운 궁둥이 눌러 앉히고 지금의 나처럼 이냥 저냥 객쩍은 짓을, 혹은 이래라저래라 참견을, 하는 상태인 걸까?

갑자기 스마트폰이 울린다. 화면에는 O사의 편집장 이

름이 반짝이고 있다. 반가움에 호쾌한 목소리로 전화를 받는다. 용건이 놀랍다. J일보 금요 에세이에 수필 한 편 내달란다! 올가을, 한 번 더 청탁할 것 같다며 원고료는 신문사에서 잘 챙겨줄 거라는 말도 덧붙인다.

  얼떨떨한 기분으로 전화를 끊는다. 지방지이건 뭐건 신문사 청탁은 내게 처음 있는 일이기 때문이다. 문득, 예지몽이라는 단어가 머리를 스친다. 꿈을 꾸고 '도대체 왜 이런'이란 의문을 떠올렸다면 한자보다는 해몽을 찾아보는 게 그 답을 찾는 빠르고 정확한 방법이겠다는 생각과 함께다.

  인터넷을 열어 '문 여는 꿈 해몽'으로 이곳저곳을 기웃거린다. 정확히는 '문을 열고 안으로 들어가는 꿈 해몽'이다. 얻어낸 답은 '본격적으로 일이나 사업에 착수하게 될 징조'. 와, 신통방통하지 않은가, 내 꿈 아니, 나! 착수할 만한 사업이란 게 없는 내게 그나마 일이랄 수 있는 일은 글 청탁이기 때문이다. 그뿐인가, 꿈속 내 모습에서 도출한 한자는 그 이름부터 반짝이는 빛날 섬閃이었다!

  메모 공책은 덮어 밀쳐놓고 글 한편 뚝딱 써 내릴 기세로 노트북을 끌어온다. 전원을 켜 한글 화면을 불러내 뚫어지게 바라본다. 하지만 아무리 기다려도 오라는 영감靈感은 아니 오시고……. 엉뚱하게 문門 자字가 머리를 어지럽힌다. 그뿐인가, 음이 같은 문文 자까지 끼어들어 함께 날아다닌다. 밀어놓은 공책을 끌어와 문門에 글文을 걸쳐놓고 사전을 살펴본다. 아뿔싸! 민망하다 혹은 근심하다는 뜻을 가진 민悶이란다.

차를 벌컥 들이켜고 마음을 가라앉힌다. 실망스럽기는 하지만 생각해 보면 충분히 수긍이 가는 일이다. 어디 글쓰기가 고민 없이 되는 일이랴.

연필을 민悶 밑으로 가져가 문門과 문文을 끼적대며 글감을 고심한다.

정말 걱정이다. 내 문門 꿈이 빛나는 문文 꿈이 되게 하려면 아니, 신문사 문門을 통해 지면에 실려 나간 내 분신文이 민망한 일을 당하지 않으려면 이번 글 잘 써야 할 텐데……

천사의 뒷담화

 책을 놓아두고 가방에서 소포장 견과를 꺼낸다. 아몬드를 조심스레 씹으며 창밖의 흐린 풍경을 내다본다. 서울에 와 오랜만에 KTX를 탔다. 반가운 사람들과 긴요한 일들에 시달리다 오늘 하루, 나 자신을 피난시킬 겸 광양으로 〈루오 전〉을 보러 가는 길이다. 요람인 양 기차에 흔들리며 쉬어보려는 속셈. 그런데 앞좌석의 두 여인, 오랜 지기처럼 소리를 낮춰 소곤대고 있다? 서로 다른 역에서 탔고 자리에 앉고서도 한동안은 조용했는데? 어라, 젊은이가 '그땐 정말 죽고 싶더라고요'라고 말한 것 같다? 나이 든 여인은 '많이 힘들었겠어요'라 응수하고? 슬며시 웃음이 나온다.
 나는 뒷담화를 좋아한다. 뒷담에 잔잔히 돋아난 꽃花

들처럼 가까이 소리 낮춰 주고받는 두런두런한 이야기話……. 나도 안다, 뒷담화란 게 그렇듯 몰랑몰랑 애잔한 것이 아님을. 몇 년 전, '뒷담화만 하지 않아도 성인'이라는 프란체스코 교황의 말을 듣고 놀라 사전을 찾아본 적이 있다. 그때까지 뒷담화를 '나중에 혹은 뒤에서 나누는 이야기'쯤으로 알았던 때문이다. 과연 그 뜻은 고약하고 사나웠다. '남을 헐뜯는 행위 또는 그러한 말'이라니…….

순간, 억하심정이 들었다. 그런 의미라면 비방이라든가 중상모략이라든가, 보다 선명히 다가오는 단어들이 많지 않은가! 그래서 정해버렸다. 나에게는 뒷담화가 여전히 뒷담의 꽃花이고 이야기話라고. 당시 혹은 당사자 앞에서는 감히 혹은 겸연쩍어 하지 못한 말을, 뒤늦게 혹은 본인이 없는 데서 구시렁대 보는 조금은 비겁하고 소심한 뒷말이라고. 내게는 그런 순하고 부드러운 말 나눔이 필요해서다. 남을 해치는 험담이나 고자질이나 비밀 누설과는 거리가 먼, 은근 억울해지거나 슬쩍 미안해져서 혹은 떠버리고 싶어져서 벌이는 소소한 말 잔치가. 말로나마 기분을 인정받고 시샘 없이 응원받고 싶은 게다, 나란 작자.

문제는 뒷담화 상대다. 나는 말하고 털어버렸는데 상대가 계속 문제에 머물면 곤란하니 기억력이 좋지 않아야 하고 내가 원체 자기중심적 나르시시스트임을 알고 있어 내 말을 곧이곧대로는 듣지 않는 사람이어야 하는데, 그런 사람 찾기가 쉽지가 않다. 그뿐인가, 문제해결이나 영향력 행사에 과감한 의협파적 행동파도 대상에서 빼야 한다. 내가 바라는 건 가벼운 동감 그 이상도 이하도 아니기 때문이다. 그러니 뒷담화가 말처럼 쉽지 않다. 덕분에 내 일기장만 고생한다. 격정과 변덕의 하소연을 받아줘야 하기 때문이다. 하나님도 수난이다. 고상한 언어로 꾸민들 고자질과 청원이니 얼마나 시끄러우랴. 내 뇌 주름 자문자답 영역은 닳다 못해 매끈 반반해졌으리라. 지금만 해도 뒷담화에 대한 뒷담화를 너저분히 새기고 있지 않은가.

그런데 나만 연연하는 걸까? 사람들 정말, 내 식의 뒷담화 없이 세상을 견디는 걸까? 하기는 나도 청년 때는 뒷담화 같은 거 안 했다. 내 감정을 밝히고 내 생각을 드러내고픈 혈기에 오히려 입씨름에 즐겨 끼곤 했다. 하지만 말 화살에 자꾸 자주 쏘이면서 알았다. 노골적이고 직선적인 앞담화(?)가 사람을 얼마나 위축시키는지. 언제부턴가는 아예, 속으로지만, 사람들에게 뒷담화를 부탁하는 나다. 일이 아닌, 품성이나 태도나 외모나 취향에 대한 흉은 제가 없는 데서 보아주십사……. 그런 것은 수긍은 할지언정 바꾸기 어려운 것들이기 때문이다. 어쨌거나 이즈음 내 뒷담화 사정도 바뀌고 있다. 나이가 들어서인지, 사건이 없어서인지, 입보다는 귀를 많이 쓰고 있다.

"선생님, 감사합니다. 선생님은 오늘 제게 천사셨어요. 저 정말 죽고 싶을 정도로 낙담했었거든요."

 잠결, 살짝 뜬 속눈썹 사이로 앞좌석의 젊은이가 스치듯 지나간다. 그러고 보니 다음 역이 순천. 책과 필통을 서둘러 챙기는데 천사라는 말이 귓바퀴를 맴돈다. 알 것도 같다. 다시는 만나는 일 없지 싶은 사람이기에 털어놓을 수 있는 부끄럽거나 원망스러운 사정……. 말하지 않고는 견딜 수 없어 터뜨린 그것들을 내 편이 되어 들어준 사람에 대한 감사……. 먹먹해져 가방을 닫는데 돌아가는 길, 옆자리가 벌써 궁금하다.

죽는 신神

'무슨 신이 그래. 자기 입을 옷 하나 뚝딱 만들어 내지 못하고……. 물이 얕은지 깊은지 눈으로 척척 알아내지도 못하고…….'

돌문화공원 입구에 서서 문화해설사를 기다린다. 혼자 구시렁대면서다. 그런데 이래도 되는 건지 모르겠다. 감히 신神에게 투정 부리고 있다, 내가?!

제주의 창조신 설문대할망을 처음 본 건 제주에 온 첫해 새별오름 들불 축제의 한 부스에서였다. 그러나 그때는 그림 속 그녀가 신인 줄 몰랐다. 수더분한 할머니의 모습으로 함박 웃고 있어서였다. 그 후 이곳저곳에서 할망을 만났다. 만날 때마다 의아했지만 그 이상 알아볼 생각은 하지 않았다. 바싹 관심이 생긴 건 얼마 전 제주토박이 친구로부터 이곳 돌문화공원에 가볼 것을 권유받으면서다. 정확히는 이 공원이 설문대할망을 테마로 조성되었다는 친구의 말에 미리 인터넷 답사를 하면서다.

저만치 나무 밑에 휴대용 마이크를 멘 여자가 보인다. 그뿐인가, 사람들이 하나둘 여자 주위로 모여들고 있다. 기다리는 장소가 여기가 아닌가, 싶어 빠른 걸음으로 나도 무리 속에 끼어든다.

"날씨, 참 좋지요? 오늘, 돌문화공원에 오신 여러분은 정말 운이 좋으시네요. 며칠 전부터 억새가 피기 시작했거든요. 저기 저 앞 움푹한 곳, 억새 군락지 보이시나요? 저곳은 자연이 만든 저지가 아니랍니다. 설문대할망이 발을 넣었다 빠져 죽었다는 물장오리를 본떠 인공적으로 조성한 곳이에요. 현재 물장오리는 안식년이라 우리가 직접 가볼 수는 없어요."

과연 해설사가 첫인사부터 할망을 입에 올린다. 기대와 신뢰를 담아 눈웃음 짓고 있는데 해설사가 따라오라는 듯 앞서 걷기 시작한다. 좁은 오솔길에 들어서자 해설사가 뒤돌아 걸으며 큰 소리로 말한다.

"아까 어느 분이 질문하셨지요. 할망이 왜 물장오리에 발을 넣었느냐고요. 할망은 키가 큰 게 자랑이었거든요.

물마다 발을 넣어 자기 키와 비교해 보곤 했는데 할망의 무릎을 넘는 물이 없었대요. 하지만 물장오리는 창 빠진 물이었어요. 할망이 몰랐던 거지요."

해설사가 멈춰 선다. 사람들이 모이기를 기다리는 해설사의 얼굴로 햇살과 그림자가 번갈아 지나간다. 나는 가까이 다가가 그녀 맞은편에 선다.

"태초의 탐라엔 설문대할망이 살고 있었어요. 어느 날, 누워 자고 있던 할망이 벌떡 일어나 방귀를 뀌었어요. 순간, 불꽃이 일어나 요동치더니 굉음과 함께 불기둥이 되어 하늘로 치솟았어요. 할망은 바닷물과 흙을 치마폭에 담아 나르며 부지런히 불을 껐어요. 그때 마지막으로 날라다 부은 흙이 한라산이 된 거예요. 터진 구멍으로 조금씩 흘러내린 흙은 오름들이 되었고요. 한라산 봉우리가 움푹 파였잖아요. 앉기 편하라고 할망이 봉우리를 떼어내 그렇게 된 거래요. 그때 떼어내 던진 봉우리는 산방산이 되었고요. 그래서 산방산과 백록담의 둘레를 재보면 같다고 해요.

할망은 몸속에 모든 것을 가지고 있어 풍요로웠어요. 탐라 백성들은 할망의 부드러운 살 위에 밭을 갈았어요. 할망의 털은 풀과 나무가 되고, 할망이 싸는 힘찬 오줌 줄기에서는 온갖 해초와 문어, 전복, 소라, 물고기들이 나와 바다를 풍성하게 했지요. 몸은 또 얼마나 컸던지 할망이 빨래할 때는 한라산에 앉아 한쪽 다리는 관탈섬에 한쪽 다리는 서귀포시 앞바다의 지귀섬에 놓고 성산봉을 빨래 바구니 삼고 소섬을 빨랫돌 삼았답니다.

하지만 빨래할 때마다 할망은 창피했어요. 헌 치마 한 벌밖에 갖고 있지 않았기 때문이지요. 할망은 제주 백성들에게 한 가지 청을 해요. 속옷을 한 벌 만들어 주면 육지까지 다리를 놓아주겠다고요. 그런데 할망은 덩치가 너무 컸어요. 속옷 한 벌을 만들려면 명주 1백 통이 필요한데 백성들이 있는 힘을 다해 모은 명주는 99통뿐이었어요. 옷을 만들었지만 할머니의 가장 중요한 부분을 가릴 수 없었지요. 실망한 할머니는 사람들을 피해 숨었어요. 다리 놓기도 중단되었고요. 그 자취가 조천면 조천리·신촌리 등에 있는 바위 줄기에 남아 있답니다."

검색을 통해 이미 알고 있는 이야기다. 여전히 모를 이야기이기도 하고…….

다시 걷기 시작한 해설사의 뒤를 바싹 쫓아 걷는데 문득, 다른 의문이 끼어든다. 전설이란 결국 사람이 만든 것 아닌가 싶어진 거다. 입에서 입으로의 첩첩한 세월만큼 참여한 사람의 수는 셀 수 없으리만큼 많겠지만 말이다. 그러니까 지금 나는 제주 사람들이 왜 그리 엉성한 신을 만들었을까를 새삼 의아해하는 것.

해설사에게 질문해 볼까, 전전긍긍하며 걷는데 길이 넓어진다. 걸음을 멈춘 해설사가 환한 얼굴로 손을 뻗어 앞을 가리킨다. 와, 그녀의 손끝에 거대한 수반처럼 보이는 인공연못이 흰 구름 피어오르는 파란 하늘 아래 펼쳐져 있다. 그녀가 말한다.

"설문대할망의 전설을 담고 있는 하늘 연못이에요. 지름이 40m, 둘레는 125m라고 해요. 굉장히 크지요? 설문대할망 전설은 여러 버전으로 전해지는데요, 아까 말씀드린 것과는 다른 하나를 말씀드릴게요.

설문대할망은 한라산에서 아들 오백 형제와 함께 살고 있었어요. 식구는 많고 가난했지요. 어느 해인가는 흉년까지 겹쳐 끼니를 이어갈 수 없었어요. 할머니는 아들들에게 밖으로 나가 양식을 구해 오라고 시켜요. 그리고 오백 형제들이 양식을 구하러 나간 사이 죽을 끓이기 시작합니다. 백록담에 큰 가마솥을 걸고 불을 지핀 다음, 솥전 위를 걸어 돌아다니며 죽을 저어가면서요. 그러다가 그만 발을 헛디딘 거예요. 할머니는 죽 솥에 빠져 죽었답니다.

그런 일이 있는 줄 전혀 모르는 오백 형제는 돌아와 죽을 먹기 시작했어요. 시장한 탓에 죽은 여느 때보다 맛있었지요. 그런데 이게 무슨 일일까요. 맨 마지막에 돌아온 막내가 죽을 뜨려고 솥을 젓다 이상한 뼈를 발견한 거예요. 살펴보니 어머니의 뼈였어요. 막내는 통탄했어요. 어머니의 살을 먹은 불효한 형들과 함께 있을 수 없다며 멀리 한경면 고산리 차귀섬으로 달려갔어요. 울다 지친 막내는 결국 바위가 돼요. 이를 본 형들도 통곡하다 모두 바위로 굳어버렸고요. 영실의 오백나한 기암절벽이 바로 이 형들이랍니다. 그러니까 이 하늘 연못은 그녀가 빠져 죽은 커다란 죽 솥과 창 빠진 물을 형상화한 것이지요. 해설은 여기까지입니다. 지금부터 자유롭게 사진 찍으셔도 돼요."

박수와 함께 사람들이 하늘 연못을 향해 흩어져간다. 해설사도 왔던 길로 총총 사라져간다. 기대했던 한 방은 없었다. 물어볼 기회도 놓쳤다. 풀죽은 채 사진 촬영에 신나 있는 사람들을 바라보다 천천히 박물관을 향해 걷는다.

그런데 이상하다. 계단을 내려가는데 설문대할망이 자신의 옷자락에 흙을 퍼 담아 나르는 모습이 환영처럼 떠오른다. 밭에 앉아 호미로 흙을 일구고 줄 맞춰 어린싹을 심고 땡볕 아래서 검질을 매는 내 이웃의 모습과 함께……. 바닷물을 이고 진 할망의 모습에 차가운 바닷속에서 숨 참아가며 미역과 성게와 전복을 따는 제주 여인들의 모습이 겹쳐지고, 죽을 젓고 옷을 빠는 할망의 모습에 급히 집에 돌아와 밥 끓이고 청소하고 세탁하는 이 땅 어미들의 모습이…….

이제 알 것 같다, 제주의 마음을. 설문대할망은 억척과 강인을 날실·씨실 삼아 짠 투박한 단벌옷을 걸치고 용감히 끈질기게 생활을 이끌어 온 제주의 어머니인 게다. 할망의 전설은 그런 어미의 희생과 헌신을 기반 삼아 섬의 거칠고 위험천만한 삶을 이겨 넘어선 아들들의 헌시이자 노래인 게다. 어미란 완벽한 것 같지만 실수하는, 다 아는 것 같지만 모르기도 하는 아니, 그 무엇보다 언제까지고 자식들 곁에 머물러주지 않는 존재. 그렇기에 할망은 허망하게 죽는 신이 되어야 했던 거고 그녀를 잃은 남정네들은, 자식들은, 세상 전부를 잃은 듯 바위로 굳기까지 애도해야 했던 거다.

하지만 그녀는 살아난다. 죽지만 살아나 죽은 신이 아니라 '죽는 신'으로, 이 땅 제주의 할망으로 영원히 산다.

서사敍事에 대한 서사

 소설을 읽다 움찔한다. 도서관에서 빌린 다섯 권 중, 마수걸이로 뽑아 든 『칼의 노래』(김훈 지음, 문학동네, 2014)를 읽다 심쿵한 거다. 소설 속 포로들은 시신을 옮기며 울었다. 늙은 포로도 울었고 젊은 포로도 울었다. 주려서 퀭한 두 눈에 눈물을 고이고 메마른 소리로 울었다. 그 모습을 보며 서술자, 이순신 장군은 참담했다.

 내가 그 개별성 앞에서 무너진다면 나는 나의 전쟁을 수행할 수 없을 것이었다. 그때, 나는 칼을 버리고 저 병신년 이후의 곽재우처럼 안개 내린 산속으로 숨어 들어가 개울물을 퍼 먹는 신선이 되어야 마땅할 것이었다. 그러므로 나의 적은 적의 개별성이었다.

 장군의 '나의 적은 적의 개별성'이라는 말은 상대를 인격을 가진 한 사람 한 사람이 아닌, 한 덩어리의 적으로만 보겠다는 다짐이겠다. 그들을 살아 온 내력과 현재의 사정을 가진 개인이 아니라 뭉뚱그린 한 단어 '적'으로만 여기겠다는 결심이겠다. 문득 '악인에게 서사를 주지 말라'는 말이 머리를 스친다. 개별성을 언어로 표현한 게 서사라는 생각과 함께 언젠가 한 소설가로부터 들은 이야기를 기억해 내면서다.

 가뜩이나 형편이 어려운 소설가의 집에 사달이 일어났다. 사기를 당해 가족이 당장 길바닥에 나앉게 된 것. 어쩔 방법을 구하지 못해 한탄과 원망으로 밤을 지새우는 부모님 옆에서 어린 소설가는 자기가 할 수 있는 일을 생각했다. 결론은 집주인에게 피치 못할 사정을 알리는 것. 지푸라기라도 잡는 심정으로 소설가는 편지를 썼다. 집에 들이닥친 곤란을 정중하지만 간곡하게 나열하고 나름의 약속과 각오를 덧붙였다. 놀라운 일이 일어났다. 집주인의 마음이 움직인 것. 그 일을 통해 소설가는 깨달았다, 글의 힘이 얼마나 센지를. 글은 은혜를 구하는 도구였다. 때로 무기가 될 수도 있었다. 작가 지망생이 탄생하는 순간이었다.

이 비슷한 일은 나에게도, 엄격히는 남편에게도 있었다. 젊어서의 일이다.

남편이 일본 유학을 결심한 건 학비는 물론 생활비까지 지원하는 문부성 장학금 외에는 학문을 이어갈 방법이 없어서였다. 그러나 남편은 언어능력 시험에서 탈락했다. 예상치 못한 일이었다. 낙담과 고민이 이어졌다. 결국 남편이 택한 건 편지. 희망하는 대학의 교수님께 역시나 지푸라기라도 잡는 심정으로 글을 써 보냈다. 놀라운 일이 일어났다. 교수 추천 절차를 밟아보겠다는 연락이 온 것이었다. 그러나 그렇게나 극적으로 시작한 유학 생활은 채 1년도 되지 않아 다른 국면으로 접어들었다.

어느 날이었다. 평소와 달리 일찍이 집에 나타난 남편이 편의점 비닐에서 맥주 캔을 꺼내 건네며 말했다.

"오늘은 너하고 의논할 게 있어. 너하고 나, 한배를 탔으니 내 맘대로 결정해서는 안 될 것 같아서 말이지. 실은 나 연구실에서 진퇴양난이야. 교수님이 주신 연구과제가 나하고는 아니, 우리나라 실정과는 맞지 않는 것 같아. 학위를 따봤자 앞길이 없다는 얘기지. 해보고 싶은 테마가 있기는 해. 그걸 하려면 연구실을 옮겨야 하는 게 문제지만. 나를 불러준 교수님을 배반하고 말이야. 들어보니 일본에선 유학생은커녕 자기 나라 학생도 테마나 연구실을 바꾼 예가 없대. 아무래도 공부하는 거 포기해야 할 것 같아. 그래 나도 알아. 우리가 얼마나 힘들게 여기 왔게. 아무 성과 없이 이대로 돌아간다고 생각하면 벌써 아찔하고 창피해."

나는 말했다, 어떤 결정이든 존중하고 응원하겠다고. 하지만 갈 때 가더라도 지금의 상황을 교수님께 말씀드리고 그분의 조언을 들어보는 게 우선인 것 같다고. 남편은 이번에도 편지를 썼다. 언어도 언어지만 대면할 담력이 없어서였다. 나는 나대로 신께 간곡한 편지를 써 올린 건 당연지사. 결과는? 놀라웠다. 교수님은 그렇게 고민이 많았으면 진작 말했어야 했다며 원하는 연구실로 남편을 옮겨주겠다고 했다. 그렇게 남편은 우리나라 LCD 연구의 초창기 일원이 됐다.

이야기란 게, 개별성을 만드는 서사의 힘이, 이렇게나 세다. 그러니 장군이 스스로를 엄중히 경계할밖에. '악인에게 서사를 주지 말라'는 말이 세간에 떠돌밖에. 하기는 문자가 없던 시대에조차 통하고 전해지던 서사가 아니던가, 입에서 입으로 또 바위를 새기는 손으로. 그런데 지금 머릿속을 지나가는 저 두 사람……?

신이 말씀으로 존재하던 시절을 돌이켜다, 악인의 서사 운운하다, 엉뚱한 의문을 떠올린다. 금지된 과일을 따 먹

서사에 대한 서사

고 숨어 있다 신 앞에 불려 나온 아담과 하와가 서사의 힘을 알았다면 어땠을까 싶어진 것이다. 에덴동산에서 쫓겨날 판국에 몰린 그 두 사람이 아내 탓하고 뱀 탓하는 대신 예의 소설가처럼 혹은 남편처럼 그간의 사정과 자신의 한계를 신께 솔직담백 곡진히 말씀드렸다면 이후의 사정이 많이 달라지지 않았을까, 하며. 정직하고 정성스럽게가 어려우면 흥미진진 재미있게라도, 셰에라자드처럼. 셰에라자드……?

엉뚱한 의문이 깽뚱한 생각으로 펄쩍 나아간다. '핑계 없는 무덤은 없다'란 속담을 징검다리 삼아 모든 이야기란 게 결국은 나름의 핑계고 딱한 사정이고 그럴만한 이유이지 않을까, 싶어진 거다. 셰에라자드가 샤한샤 샤리아르에게 들려준 이야기가 소설이라면 앞에서 말한 소설가나 남편의 이야기는 수필이지 않을까, 해가며.

고개를 저으며 책으로 시선을 옮긴다. 소설 속 문장을 힘주어 다시 읽어본다. 개별성과 적의 개별성과 또 개별성……. 반복되는 개별성이 또 다른 생각을 불러온다. 오래전의 내 모습이다.

데스벨리, 이름부터 무시무시한 그곳을 자동차로 달리다 길을 잃었다. 어둠은 점점 짙어지고 길은 확신이 서지 않고……. 캄캄하고 좁은 길을 지도에 의지해 불안불안 나아가다 한 모퉁이를 돌 때였다. 갑자기 환한 불빛이 나타났다. 사람이 살 것 같지 않은 그곳에 집들이 모여 있고 창에서 불빛이 새어 나오고 있었다. 절로 탄성을 지를 정도로 반갑고 기뻤다. 하지만 나는 곧 아연했다. 캄캄한 하늘 저 높은 곳에서 아득한 빛으로 반짝이고 있는 저 작은 별 하나하나가 실은 어마어마하게 큰 제각각의 하나라는 게, 지구상에는 아무것도 아니면서 전부인 각각의 내가 저 하늘의 별만큼이나 많다는 게, 안심과 동시에 깨달아진 거였다. 생각해 보면 아무것도 아닌 나였다. 그러면서 전부인 나였다. 당연한 일인데 그게 그 순간은 왜 그리도 낯설던지.

그런데 그때의 그 자각, 어디로 간 건지 모르겠다. 장군은 다짐과 각오로 하는 일을 자연스레 잘도 하는 내가 아닌가 싶어서다. ○○ 난민입네 ×× 범법자입네 ss 희생자입네 하며 사람들을 한 덩어리의 무언가로 퉁 치는 짓을.

한숨과 함께 책을 다잡는다. 이제 딴생각 아무 생각은 노우, 독서에만 집중할 참이다. 『칼의 노래』를 시작으로 도서관에서 빌려온 다섯 권을 차례로 읽으며 서사의 반대쪽 힘이랄까, 쓰고 말하는 자가 아닌 듣고 읽는 자로서의 내가 변하기를 기대하면서다. 아무것도 아니면서 전부인 개별자 각각이 만들어 내는 이야기에 아무것도 아니면서 전부인 개별자 내가 상상과 직관으로 화답하며, 간접 경험 하며, 마음이 크고 넓고 깊어지기를, 성숙하기를, 바라는 거다. 그들의 구구절절한 변명에 동병상련하고 그럴만한 사정에 역지사지하며, 때로는 할 말 있는 로맨스에 이심전심하며 마음이 부드럽게 무두질 되기를…….

   그런데 내가 지금 적 앞에 선 군인이 아니라서 다행이라는, 그러니 거침없이 마음껏 개별성에 무너져 보자는, 생각도 딴생각일까?

그 많던 자개장은
어디로 갔을까

 다른 사람들도 그런지 모르겠다. 나는 정성 들여 만든 물건을 보면 반짝 마음이 밝아진다. 겹겹 시간을 쌓아 만든 물건 앞에 서면 화들짝 기뻐진다. 덕분에 박물관이나 미술관에 자주 간다. 여행을 가서도 가장 신나 하는 곳은 공예품 전시장이거나 기념품 가게일 때가 많다. 물론 직접 정성 들여 뭔가를 만드는 것도 좋아한다. 흙을 구워 컵이나 접시, 붓 통을 만든다던가, 가죽을 오리고 꿰매 지갑을 만든다던가, 또 붓으로 한 획 두 획 수놓듯 그림을 그린다던가……. 솜씨와는 별개로 세심히 손정성 들이는 걸 좋아한다고나 할까. 젊었을 땐 공장에서 일하며 즐거워라, 했던 적도 있었다.

남편의 박사과정을 위해 일본에서 4년 남짓 살 때였다. 아르바이트를 줄곧 했는데 그 처음이 도쿄 에비스에 있는 조그만 공장이었다. 특이하게도 종업원이 모두 나처럼 유학생 아내인 작업장. 그곳에서 나는 조그만 전기인두로 부품을 붙이는 일을 했다. 의외였던 건, 그 일이 정말로 재미있었다는 것. 복잡하게 머리 쓸 필요 없이 반복적으로 손만 움직이면 되는 그 일이 내게는 놀이처럼 느껴졌다. 물론 그 놀이엔 여러 국적의 여인들과 일본어도 영어도 아닌 이상한 언어로 깔깔대는 기쁨도 큰 몫 했겠다. 단순한 손일에 오래 질려하지 않는 나 자신을 새롭게 발견한 경험이었다.

생각해 보면 학창 시절, 시험 끝나기가 무섭게 하는 짓도 대개는 뜨개질이었다. 친구들과 신나게 어울려 다니지도 집에서 뒹굴뒹굴 늘어지지도 못하는 내가 쉴 겸 놀 겸 가볍게 할 수 있는 일이었지 싶다. 무언가를 하고 있다는 자존심은 살리면서 또 예쁜 목도리나 도시락 커버 같은 눈에 보이는 성과도 내면서 머릿속으로는 공상·상상을 마음껏 피워올릴 수 있는…….

실은, 방금 책상 서랍을 정리하다 리플릿을 발견했다. 올봄 열린 국립중앙박물관의 특별 전시 〈漆,아시아를 칠하다〉를 관람하다 가져온, 검정 바탕에 붉은 보라 겹선 들이 어우러진 멋진 리플릿. 그러니까 지금 나는 그때 전시장에서의 내 마음과 만나 공예가가 되는 건 얼마나 멋지고 행복한 일일까, 부러워하며 아쉬워하고 있는 거다. 혹시 있을지 모를 내 안의 공예가 기질을 뒤적이며 전기인두와 뜨개질을 생각해 내고, 내생來生에나마 기대하려면 지금부터 준비하고 연습해야 하는 것 아닐까, 싶어 그 궁리를 해보는 거다.

리플릿을 내려놓고 스마트폰을 집어 든다. 〈漆,아시아를 칠하다〉 전시장 사진들을 돌려보기 위해서다. 작품의 제작 과정과 해설도 찍어 뒀으니 뇌 주름에 조금은 더 뚜렷이 옻칠 상식을 새길 수 있지 싶다.

오늘날 칠기는 미술의 한 장르인 공예로 다루어지고 있지만 우리 조상에게 칠기는 살림살이에 밀착한 도구였다. 기물의 내구성 향상을 위한 마감재로써, 또 나무 그릇에도 액체를 담을 수 있게끔, 옻칠을 사용한 것이다. 물건 표면에 옻을 칠하고 건조 시키면 광택 나는 단단한 막이 형성되기 때문이다. 그렇다고 옻칠을 실용적 용도로만 썼다는 건 아니다. 조상들은 옻칠의 접착력과 유연함을 이용해 수많은 장식 기법을 창조했고 칠공예라는 기능과 예술을 결합한 하나의 문화를 만들어 냈다. 특별히 우리 선조가 사랑한 장르는 나전칠기다. 옻칠한 기물에 금조개 껍데기를 썰어낸 조각을 박아 넣거나 붙여 장식함으로 그 둘을 융합·발전시켰다.

조개껍데기 조각이라는 말이 슬그머니 안방 장에 장식되어 있던 사슴과 공작을 불러온다. 시어머님의 자개장이 생각난 거다. 검은색을 질색하시던 어머님이 웬일인지 그 옷장만큼은 아껴 아침마다 마른 수건으로 닦으셨다는 기억과 함께……. 하지만 나는 사슴과 공작을, 검은 바탕 자개장을, 어머님의 모습마저, 떨쳐내듯 사진을 휙휙 넘긴다. 그렇게 찾아낸 건 〈나전대모 칠 국화넝쿨무늬 합〉. 고려 12세기에 제작된 높이 3.2cm, 너비 10.0cm의 이 작은 합에 홀려 나는 전시장을 나오려다 다시 돌아갔었다. 사진을 찍으며 한참을 서성였었다.

영상과 기억에 의지해 머릿속으로 합 만드는 과정을 따라 해본다. 먼저 나무를 얇게 가공해 미세한 칼집을 일정하게 낸 후 꺾어 돌려 감아 부드러운 곡선형 몸체를 만든다. 온도와 습도 변화에 따른 뒤틀림을 방지하기 위해 몸체에 직물을 덧바르고 옻칠을 거듭하여 형태를 단단히 고정한다. 0.5mm 내외로 가공한 얇은 자개와 안쪽 면을 화려하게 덧칠한 대모玳瑁를 일정한 크기로 오려 국화와 넝쿨무늬를 만들어 붙이고, 뒤틀림 방지를 보강하면서 무늬에 질서를 주기 위해 테두리와 넝쿨 줄기에 금속 선을 두른다. 이게 끝이 아니다. 생칠을 하고 토회를 하고 문양을 숫돌로 갈고 또 생칠을 하고…….

조그만 합 하나 만드는데 이렇게나 많은 공력이 든다! 하기는 이 모든 일에 우선하는 옻칠 채취부터가 보통 일이던가. 옻오름을 인내하며 나무마다 일일이 금을 긋고 그 금에서 한 방울 두 방울 수액을 받아 정제하고 또…….

갑자기 부끄럽다. 이생 내생 해가며 공예가를 들먹인 것 취소해야 할 듯싶다. 공예가의 일이란 나처럼 공상이니 상상이니 딴생각하면서 할 수 있는 일이 아닌 것이다. 온 힘과 온 시간을, 어쩌면 온 삶을 쏟아부어야만 할 수 있는 일인 게다. 공예품을 좋아한다는 말도 슬쩍 꺼림칙하다. 어머님의 자개장을 별다른 아쉬움 없이 처분했던 나이지 않던가. 옷장에 깃든 예술성과 시간과 노력은 모르는 척, 안방에 그 장을 들이기까지 아껴 살림을 살고 인내로 아버님을 설득해야 했던 어머님의 애씀도 외면한 채.

그럼에도 언젠가 공예가가 되고 싶은 미련은 버릴 수 없으니, 원 참!

고개를 저으며 폰 화면을 닫는데 슬그머니 엉뚱한 생각이 머리를 비집는다. 일상 공예라는 단어가 머리를 스치며 매일의 삶을 공예품 만들듯 정성껏 사는 게 그것 아닐까, 싶어진 거다. 순간순간을 세심히 충만하게 보내기나 사람을 성심껏 대하기 같은 ……? 오호, 그런 거라면 일상 공예, 나도 가능할 것 같다. 걱정이 있다면 목표 없이 무르고 유연하게 흐르던 내 일상이 뭔가 해보겠다는 열망에 딱딱 무겁게 경직되면 어쩌나 하는 건데…….

그래서 어쩌겠다는 건지, 복잡하고 혼란해진 머릿속으로 다시 궁금증이 솟아난다. 시어머님의 옷장도 옷장이지만 그 많던 자개장, 다 어디로 갔을까.

물고기는 없다

 그날 나는 책방 매대 앞에 서서 고개를 갸웃했다. 책의 제목이 미심쩍어서였다. 『물고기는 존재하지 않는다』라니……. '상실, 사랑 그리고 숨어있는 삶의 질서에 관한 이야기'라는 부제도 의아하긴 마찬가지였다. 이런 추상적인 단어들이 물고기와 어떻게 연결될지 얼핏 가늠할 수 없었던 것. 하지만 나는 곧, 산호초 동굴로 보이는 보랏빛 물결을 물고기들과 함께 헤엄쳐 내리는 인어를 검지로 쓸어내리며, 환상적인 바다 이야기일 거라고 짐작했다.

 책을 다 읽은 지금은 일단, 책의 처음과 뒤표지에 소개된 이 책의 찬사들에 격하게 동감한다. 베스트셀러『스티프』의 저자라는 메리 로치의 문장에는 더더욱 그렇다. 그녀는 말한다. "이 책은 완벽하다. 그냥 완벽하다고 할 수밖에 없다. 서정적인 동시에 지적이고 개인적이 동시에 정치적이며, 사소하면서 거대하고, 별나면서도 심오하다."

『물고기는 존재하지 않는다』는 라디오 방송국에서 일하는 과학 전문기자, 룰루 밀러가 '자신에게 찾아온 혼돈에 뒤흔들리고, 자신의 손으로 직접 자기 인생을 난파시킨 뒤, 그 잔해를 다시 이어 붙여보려 시도하고 있을 때' 불쑥, 20대 때 들은 데이비드 스타 조던의 어느 날을 떠올리면서 시작한다. 어느 날이란 1906년 샌프란시스코 대지진의 날이다.

조던은 '생명의 나무'의 형태를 밝혀내는 일(지구의 혼돈을 사다리꼴 위계 형태로 질서 부여·정리하는 일)에 소명을 품은 사람이다. 그는 수십 년에 걸쳐 지치지 않고 일했고 그 결과 당대 인류에게 알려진 어류 중 5분의 1을 동료들과 함께 발견했다. 그런데 그날 47초간의 땅 흔들림으로 그의 유리 단지들이 박살 난 것이다. 단지에서 튀어나온 물고기들이 잘리고 뭉개지고 터지고, 성한 것들조차 명패와 분리된 것이다.

그러니까 룰루 밀러가 불쑥, 조던을 떠올리며 알려고 한 건 그로 하여금 의연히 깨진 유리 파편 사이에서 물고기들을(그가 붙여준 이름에서 분리되어 다시금 미지의 존재들로 환원된 것들을) 건져 올려 그 살에 바늘과 실로 명패를 꿰매 붙이게 하는 힘이 무엇인지였다. 혼돈 속에서도 가라앉지 않고 '망해버린 사명을 계속 밀고 나아가게 하는' 그것이 자신의 문제에도 실마리가 되어 주리라, 생각한 것이다.

이후 그녀는 집착하다시피 조던을 조사한다. 결국 회고록 『한 남자의 나날들』의 발간을 알아내고 에세 속 한 문장 '운명의 형태를 만드는 것은 사람의 의지다'에서 '아무 약속도 존재하지 않는 세계에서 희망을 품는 그의 비결'을 찾아낸다. 조던으로 하여금 가장 암울한 날에도 계속 앞으로 나아가게 한 비책은 바로 의지와 자기기만과 긍정적 착각이었다고 결론 내린다.

이렇듯 『물고기는 존재하지 않는다』는 그 시작이 혼돈이다. 룰루 밀러가 자신의 혼돈 상황에서 조던을 생각해 내는 것이 이야기의 시작이기 때문이다. 그래서일까, 이 책은 그 줄거리가 조던과 작가 자신으로 나뉜 채 두 갈래로 흐른다.

첫 장 제목은 「별에 머리를 담근 소년」이다. 조던은 밤하늘의 별이나 들판의 풀꽃처럼 '숨어있는 보잘것없는 것들에 마음을 쓰는 소년'이었다. 그가 분류학자가 된 것도

형 루스퍼의 죽음을 못 견뎌 시작한 식물채집에 그 뿌리가 있다. 그러나 이야기가 진행되면서 룰루 밀러는 조던을 살인자로 의심한다. 창립 이래, 줄곧 총장으로 있어 온 대학에서 해고당할 것에 대비해 그가 대학 설립자, 제인 스탠퍼드를 죽였다고 생각하는 것이다. 제인은 여행지에서 돌연사했는데(당시 사인은 심장마비였다) 그녀의 장기에 스트리크닌이라는 독성물질이 남아 있었고 그 약품은 조던이 종종 물고기 채집할 때 사용하던 것이란 점이 그 단서다.

룰루 밀러가 조던의 살인 의혹에 덧대 강조하려는 건, 자기기만 혹은 긍정적 착각이라는 낙관주의의 위험성이다. 워너 뮌스터버거가 지적한 '신나는 일에서 파멸적인 일로 바뀌는 수집 습관의 어떤 지점'이 조던에게 발생한 것이라고 생각하는 것이다. 동시에 '긍정적 착각은 견제하지 않고 내버려 둘 경우, 그 착각을 방해하는 것은 무엇이든 공격할 수 있는 사악한 힘으로 변질될 수 있다'는 심리학자들의 경고가 그에게 일어났다고 의심하는 것이다. 조던은 종국엔 나치의 유대인 학살에 큰 영향을 미친 우생학의 전도사가 된다. 그는 내내 성공 가도를 달리며 탄탄한 삶을 살다 점잖게 뇌졸중으로 생을 마친다.

그러나 이게 끝은 아니었다. 복수는 있었다. 룰루 밀러는 마지막 장, 「데우스 엑스 마키나」에서 캐럴 계숙 윤의 『자연에 이름 붙이기』를 인용한다.

> 조류는 존재한다. 포유류도 존재한다. 양서류도 존재한다. 그러나 꼭 꼬집어, 어류는 존재하지 않는다.

이른바 '어류'란 미묘한 유전적 차이점을 무시한 채 서식지나 피부 유형 등으로 그룹 지어진 것뿐이라는 이야기다. 그러니까 하나의 범주로서의 어류란(조던이 그렇게나 집착했던 물고기란) 존재하지 않는다는 말씀. 이 대목에서 룰루 밀러는 '우주가 데이비드 스타 조던에게서 물고기를 빼앗는' 광경을 상상하며 거기서 '병적인 만족감'을 얻었다고 고백한다.

책을 읽으며 나 자신을 돌아봤다. 나 또한 긍정적 착각을 할 위험성이 많은 사람이기 때문이다. 무엇이든 넘치면 위험함을 새삼 마음에 새겼다고나 할까. 그것이 긍정의 것이라 할지라도 말이다. 한편 행복하기도 했다. 이야기가 전개되는 방식이 선명했고 새로웠고 흥미로웠고 충분히 동감할 수 있어서였다. 특히 책의 초반, 어린 작가와 아버지의 대화는 감동적이었다. '너한테는 네가 아무리 특별하게 느껴지더라도 너는 한 마리 개미와 전혀 다를 게 없다.

좀 더 클 수는 있겠지만 더 중요하지는 않다'는 아버지의 말이 참 좋았다. 그 말끝에 덧붙인 '다른 사람들도 중요하지 않기는 매한가지지만 그들에게는 그들이 중요한 것처럼 행동하며 살아가라'도 훈훈했다.

여운이 향긋한 이야기는 또 있다. 나무 그늘에서 조붓조붓 꽃을 피워내는 들풀들처럼 스스로 명랑을 피워내는 주문呪文이랄까. 조던이 열정적으로 쌓아 올린 '자연의 사다리'에 반하는, 일찌감치 다윈이 '자연은 비약하지 않는다'는 말로 우리에게 가르쳐준, 민들레의 법칙이 그것이다. 어떤 사람에게 민들레는 그저 잡초이지만 약초 채집가에게는 약재고 화가에게는 염료며 히피에게는 화관, 아이에게는 소원을 빌게 해주는 존재라 말하는……. 별이나 무한의 관점 또 완벽함에 대한 우생학적 비전의 관점에서는 한 사람의 생명이 금세 사라질 점 위의 점처럼 중요하지 않아 보일지 모르지만 그건 단지 아주 많은 관점 중 하나일 뿐이라 말하는…….

그러고 보니 책의 다른 한 줄기인 작가의 이야기를 하지 않았다. 그건 직접 책을 통해 읽으시기를. 분명한 것은 작가가 자기 혼돈에서 빠져나왔다는 것. 책 제목이 조던을 향하고 있다면 부제는 작가 자신을 바라본다.

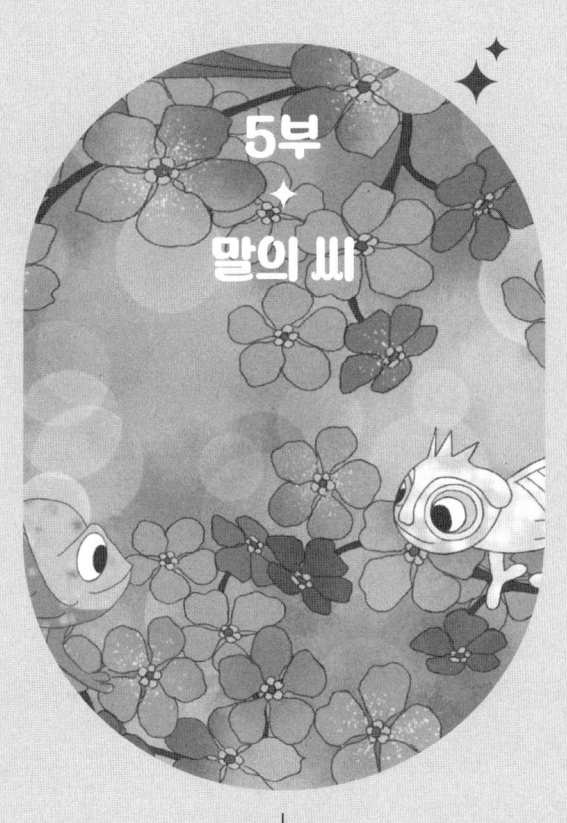

어느 날 밤

 어느 날 밤이었다. 집을 나서 걷기 시작했다. 과식을 후회하면서였다. 한 번 나서면 동네 골목을 큰 네모꼴로 다섯 바퀴 도는데 한 바퀴가 대략 천 보라 그날도 오천 보 걷기로 위장을 달래 볼 참이었다. 더위 타는 건 다 같은지 길에는 풀벌레는 물론 고양이들도 드문드문 나와 있었다. 하기는 바람, 하면 제주고 판포니까.

 등에 부딪는 바닷바람을 상쾌히 만끽하며, 눈 마주치는 고양이마다 아는 척해가며, 광장 끝 오른편 길로 접어들 때였다. 평소 내 경로가 아닌 빨간 벽돌집 골목에 못 보던 고양이들이 있었다. 세 마리였다. 집주인이 육지로 이사 갔다더니 빈집으로 터를 옮겨온 듯싶었다. '안녕' 하고 인사를 건넸다. 녀석들이 무심한 표정으로 나를 빤히 쳐다봤다. 털색은 제각각이었지만 눈매가 비슷한 게 형제지간 같았다.

구성 작품처럼 멋진 녀석들의 외피를 떠올리며 한 바퀴 걸었다. 다시 그 자리를 지나는데 고양이들이 여전히 있었다. 한 녀석은 자기 발을 내려보고 있었는데 가로등 불빛을 조명인 양 받아서인지 분위기가 묘했다. 멈춰 선 내가 신경 쓰였을까? 녀석이 고개를 들어 나를 쳐다봤다. 그리곤 마치 '이것 좀 보세요' 하듯 자기 발과 나를 번갈아 보는 것이었다. 저절로 내 시선이 녀석의 발로 옮겨갔다. 깜짝 놀랐다. 뱀이 있었다, 30센티 정도의 가는 뱀이 녀석의 발 앞에 있었다.

뱀한테 물리면 어쩌려고 저렇게 가까이 앉은 걸까. '물러나' 하고 외치고 싶었지만 내 소리에 놀란 뱀이 덥석 고양이를 깨물까 봐 그럴 수도 없었다. 하지만 내 안달과 달리 녀석의 표정은 평온했다. 그뿐인가, 뻐기듯 앞발을 들어 S자를 그리며 기기 시작한 뱀의 머리를 지그시 누르는 것이었다. 신기한 건 그 순간, 뱀이 동작을 멈췄다는 것. 녀석이 다시 발을 들어 올리자 뱀이 다시 기기 시작했다. 녀석이 다시 발을 내리면 뱀도 다시 동작 중지. 혼란스러웠다. 이 광경을 어떻게 해석해야 할지 알 수 없었다.

뱀으로 어질해진 머리를 가로저어 가며 두 번째 바퀴를 돌았다. 다시 그 자리에 오자 이번엔 다른 고양이가 뱀을 데리고 있었다. 녀석은 머리를 누르는 대신 앞발로 뱀의 진로를 방해했다. 뱀은 여전히 수동적이었다. 막으면 멈추고 비키면 다시 기는 게 놀림감 신세를 체념하듯 받아들인 것 같았다.

고양이의 장난질을 심란해하며 세 번째 바퀴를 돌았다. 다시 그 자리에 오자 이번엔 뱀이 제법 긴 풀 위에 걸치듯 올라가 있었다. 고양이는 그 바로 앞에 앉아 공중에서 이리저리 머리를 움직이는 뱀을 물끄러미 바라보고 있었다. 뱀 스스로 풀 위로 도망간 건지 고양이가 올려놓은 건지 알 길이 없었다.

눈빛일까, 울음일까? 역시 발일까? 고양이의 명령법을 궁금해하며 네 번째 바퀴를 돌았다. 이번엔 한 녀석은 어딘가 가버리고 두 녀석만 띄엄띄엄 가로등 빛이 미치지 않는 골목 어둑한 곳으로 물러나 있었다. 그중 한 놈이 땅바닥만 뚫어져라 보고 있는 게 뱀은 아직도 놓여나지 못한 것 같았다.

결국 해코지당할까? 시들해진 녀석들이 놓아줄까? 뱀의 형편을 애잔해하며 마지막 한 바퀴를 돌았다. 이제 얼핏 눈에는 녀석들이 보이지 않았다. 아니, 골목 끝에서 그림자처럼 희미하게 어른대고 있었다. 녀석들에게 손을 저어 주고 집을 향해가는데 조금 전의 뱀이 독사였다면 지금과는 입장이 달라졌겠지, 싶은 생각이 머리를 스쳤다. 동시에 얼마 전 넷플릭스에서 본 로알드 달 원작의 짧은 영화, 〈독〉의 장면이 떠올랐다. 이야기꾼 남자가 해리 포프의 방에 들어서자마자 '신발을 벗으라'는 속삭임을 듣는 것으로 시작하는.

남자는 영문도 모른 채 신발을 벗고 가만가만 침대의 포프에게 다가갔다. 진땀을 흘리며 눈망울만 겨우 굴리고 있는 포프의 입에서 나온 말은 뜻밖에도 '살려달라'. 침대에 누워 책을 읽고 있는데 우산뱀이 배 위로 기어올랐다는 것이었다. 남자는 살금살금 거실로 나가 의사, 간더바이에게 전화했다. 하지만 달려 온 간더바이도 난감하기는 마찬가지. 치명적 독을 가지고 있는 뱀을 자극해선 안 되기 때문이었다. 일단 해독제를 포프에게 주입한 간더바이는 고심 끝에 마취제로 잠옷을 적셔 배 위의 뱀을 마취시키기로 하고 극도의 긴장 속에 과정을 이어갔다. 불안의 15분이 천천히 흐르고 조심스레 이불을 걷어보는 두 사람. 그런데 뱀이 없었다! 포프의 배 위에는 리본 형태로 매듭지은 파자마 끈과 단추가 있을 뿐이었다. 포프는 분노했다. '꿈을 꾸셨나 봅니다, 포프 씨'라는 간더바이의 말에 폭발한 것이었다. 생명의 은인이 될 뻔한 의사에게, 결코 비아냥조로 말하지 않은 간더바이에게, 인종차별적 심한 독설을 내뱉은 것이었다.

먹이 사슬 속에서 산다는 것의 난감함이, 상위 포식자로서의 아량과 책임감이, 새삼 절절히 몰려오는 밤이었다. 인간 생태계에서 우위를 점하게 하는 힘은 무엇인지, 사람이 쓸 수 있는 독毒은 무엇인지, 재삼 의아해지는 어느 날.

권력과 돈, 강포한 마음과 무적의 육체, 사랑과 봉사 등등 이것저것 떠올리며 집 문을 여는데 문득, 내게도 무기가 있을까, 궁금했다. 일단 남편을 상대로 생각해 봤다. 젊었을 땐 어땠는지 몰라도 현재는 반찬 만드는 솜씨 외엔 쓸만한 게 없었다. 그렇다면 다른 사람에게는……?

어쩌면 그게 글일 수도 있겠다는 생각에, 뜬금없이 불끈 주먹 쥐어보는 어느 날 밤이었다.

꽃

 방을 향해 걸으며 고개를 가로젓는다. 아무래도 오늘 내가 좀 이상하다. 자꾸 생각이 남부끄러운 쪽으로 뻗어간다. 역시 『하룻낮의 행복』(파스칼 키냐르 지음, 송의경 옮김, 문학과지성사, 2021)이 문제였을까? 첫 글 「꽃들을 죽이기」를 읽으면서부터 깜짝 놀랐으니 말이다. 하지만 키냐르가 『하룻낮의 행복』에서 말하려 하는 건 카르페 디엠Carpe Diem, '오늘(현재)을 즐겨라'로 알아 온 호라티우스의 카르페 디엠을 '어둠이 내리기 전에 네 몫의 햇빛을 뜯도록 하라'로 새롭게 해석하며, 그 설득을 위해 이런저런 사유를 제시하는 게 이 책의 내용이지 않은가. 그런가 보다. 내가, 그의 언급 중 꽃 부분에서 유독 눈 반짝대며 홀렸던 게 문제인가 보다.

책에서 키냐르는 자신을 비롯한 사람들의 채취採取 취향에 대해 말하며 질문을 던진다. '왜 채취하는 것일까요? …… 해를 향해 멋지고 기이한 성기를 곤두세우는 꽃의 보다 짧은 생애를 끊어 버리는 이유는요?' 나는 순간 흠칫했지만, 혼자서 겸연쩍기까지 했지만, 키냐르는 아무렇지 않은 듯 이어 말한다. '우리는 꽃과 더불어 출현했어요. 꽃은 식물의 매혹적인 성기지요. 최초의 포유류와 최초의 꽃들 사이에는 놀랄 만한 동시대성이 존재합니다. 오늘날 유럽인들은 서로 만나거나 방문할 때 여전히 꽃다발을 주고받습니다. 원초적 자연의 시기, 에덴동산 이전의 시기, 흐드러진 야생 식물군의 시기에 대한 추억으로 말이지요. 마찬가지로 사람이 죽으면 그들에게 꽃들을 던집니다.'

사실, 꽃이 식물의 성기라는 게 내게 새로웠던 건 아니다. 사전에서도 꽃을 '종자식물의 번식 기관'이라 풀이하지 않던가. 그럼에도 키냐르에 놀란 건 표현이 적나라해서였겠다. 가령 이런 것…….

꽃의 진짜 정체는 이런 것입니다. 즉 벌어지고, 부풀고, 축축해지고, 자신을 내맡기는 성기라고요.

〈독말풀〉이 눈에 들어온 건, 『하룻낮의 행복』을 두 번

연거푸 읽고도 뭔가가 미진해 내려놓지 못할 때였다. 키냐르를 놓아두고 오키프를 집어 들었다. 그러니까 책상 귀퉁이에 놓아둔, 조지아 오키프의 그림, 〈독말풀〉로 앞표지를 삼은 『조지아 오키프』(리사 민츠 메싱어 지음, 엄미정 옮김, 시공아트, 2017). 거침없이 거대하게 그려진 꽃의 속살(어쩌면 꽃의 생식기)에서 작가 자신의 억압된 성적 욕망을 읽어내곤 하는.

책을 펼쳐 전에 밑줄 그어놓은 문장을 읽었다.

> 오키프는 식물의 소소한 부분에 초점을 맞춰 그 부분을 캔버스 전체에 꽉 차도록 확대했다. 이런 그림에서는 꽃 한 송이가 캔버스 네 모서리를 꽉 채워 이파리나 배경이 들어갈 여유가 없다. …… 꽃 이미지가 전면을 차지하면서, 오키프는 또한 관람자가 작품을 코앞에서 보게끔 이끌었다.

지난번 책을 읽으며, 오키프의 꽃 그림에서 성적 욕망 등을 거론하는 건 비평가들의 너무도 쉽고 어쩌면 제멋대로이기까지 한 해석임을 알았다. '꽃은 비교적 자그마하다. 너무 작아서 우리는 꽃을 볼 시간이 없다. 하지만 나는 크게 그릴 것이다. 그러면 사람들이 놀라서 그것을 바라보기 위해 시간을 낼 것이다'라는 그녀의 직접 언급을 통해서였다. 이 말이 그녀의 꽃 그림을 대하는 내 직관을 돌려세우지는 못했지만, 나는 책을 읽는 내내 그녀를 동경했다. '나를 최고의 여성 화가라고 말하지만 내가 보기에 나는 최고의 화가 중 하나입니다'라든가 '미술은 세상에서 가장 가치 있는 것이다. 그것이 인간의 에너지, 신에 가장 가까운 창조력을 최상의 형태로 표현하기 때문이다' 등등 그녀의 옹골차고 당당한 자기주장에 매료되었던 것. 98세로 생을 마칠 때까지 주관 뚜렷했던 그녀의 삶도 따라 하고 싶을 만큼 부러웠다.

문득 꽃에 대한 시詩가 궁금해진 건 그녀가 되풀이 그렸다는 동물 뼈와 뉴멕시코 풍경과 구름 등을 감상하다 다시 커다란 그녀의 꽃을 들여다볼 때였다. 책을 내려놓고 인터넷을 켰다. 그렇게 발견한 나태주 시인의 풀꽃 2.

> 이름을 알고 나면 이웃이 되고/ 색깔을 알고 나면 친구가 되고/ 모양까지 알고 나면 연인이 된다/ 아, 이것은 비밀.

아, 이건 또 무슨……! 당혹감에 당장 자리에서 일어나 방을 나섰다, 색깔과 모양과 비밀이란 단어가 머릿속에 그려낸 꽃 그림을 떨쳐내면서였다.

마당에는 변변찮은 보살핌에도 꽃들이 여기저기 피어 있었다. 돌담 위에는 주홍빛 능소화가 흐드러지고 텃밭에는 쑥갓 고추 가지의 노랑 하양 보라꽃이 어우러지고 꽃밭에는 가장자리를 따라 바싹 땅에 붙은 빨강 분홍 채송화부터……. 그러고 보니 무화과나무에도 열매가 맺혀 있을 터였다.

마당 끄트머리로 가 커다란 이파리를 들추며 무화과를 찾았다. 모두 여섯 개. 결 무늬 진 푸른 바탕에 붉은 얼룩이 번지고 있는 열매를 보자 〈자화상-토르소〉가 생각났다. 조금 전 『조지아 오키프』에서 본, 그녀가 1919년에 아보카도를 소재로 그렸다는 그림. 그런데 아보카도보다는 무화과가 색깔도 그렇고 둥글게 늘어진 모습도 그렇고 좀 더 유방을 닮지 않았나?

즉각 몸을 돌려세웠다, 성경^{聖經}에도 빈번히 등장하는 나무로부터. 나비나 벌의 도움 없이 저 혼자 하는 생식은 혹시 자위일까, 싶은 얼토당토않은 생각을 머리에서 화들짝 털어내며 큰 걸음으로 저만치의 돌확으로 갔다.

가만히 앉아 수련이 피워올린 하얀 꽃과 눈 맞춤하는데 문득, 신통방통하다는 생각이 들었다. 옮겨와 새 이파리를 피워낸 것도 고마운데, 누울 자리 봐가며 발을 뻗는 건지, 녀석이 새집에 맞춰 자기 이파리 크기를 줄인 것이었다.

손 선생님 댁 연못에서는 못해도 3배는 컸지, 싶은데…….

다시 얼굴이 뜨듯해지고 있었다. 일어나 방을 향해 걸었다. 정말이지 이상하고 요상하다 못해 괴상한 날이었다. 곱고 맑고 단아한 수련을 들여다보다 연꽃을 떠올린 거야 자연스러운 일이겠지만 꽃잎 중앙 풍성한 암술 사이로 들여다보이는 연밥을 머릿속에 그려보다……. 분홍 꽃잎을 시스루 잠옷에, 무성한 암술을 속옷에 비친 거웃에, 노골적으로 드러내고 있는 씨방을 자궁에 겹쳐보는 건 대체 무슨 심사인지 원!

방에 들어와 조용히 책상에 앉는다. 숨 한 번 크게 쉬고 뭔가 핑곗거리를 건져볼 셈으로 다시 키냐르를 펼친다. 과연 책 끝의 옮긴이의 말에 다음과 같은 문장이 실려 있다.

> 키냐르는 책 읽기를 "자신의 정체성을 잃고 책 속의 다른 (저자의) 정체성과 결합하는 경험", 즉 '한 사람이 다른 정체성 속으로 들어가 태아처럼 그 안에 자리 잡는 행위'라고 정의했다.

가시

 종업원이 상을 차려왔다. 이것저것 밑반찬도 맛깔나 보였지만 기다란 접시 위에 사뿐히 놓인 긴 갈치는 은백색 거죽이 노릇노릇한 게 눈에 담는 것만으로도 기분이 좋았다. 하지만 그 갈치는 보통의 그냥 갈치였다. 가시가 없는 것 같지 않았다. 곧 사장님이 다가왔다. 손에는 수저가 두 개 들려 있었다. 이제 보니 간판의 '가시 없는 갈치'란 먹기 직전 가시를 발라주는 갈치였다! 길을 지날 때마다 궁금증을 자아내던 '없는'의 정체에 실망한 내가 바쁘게 손 놀리고 있는 사장님께 말했다.

 "이제부터는 제가 할게요. 저, 가시 잘 바르거든요."

 굳이 사장님의 서비스를 마다한 것은 슬쩍 실망도 했지

만 따뜻할 때 발라가며 먹는 게 더 맛있을 것 같아서였다. 물론 내가 생선 가시를 잘 추려내는 것도 사실이었다. 부모님이 해산물을 좋아하셔서 어려서부터 생선을 많이 먹고 자란 덕이었다.

사장님이 이미 손질해 놓은 살을 한 젓가락 떼어내 남편의 앞 접시에 놓아주고, 나도 한 입 맛보아가며 차례로 등 쪽의 가시를 발라나갔다. 갑자기 엉뚱한 생각이 머리를 스친 건, 배에 있는 가시를 발라낼 때였다. 중앙의 가시는 몸의 형태를 유지해야 하니 또 등에 있는 가시는 그 아름답고 투명한 긴 지느러미를 꼼꼼히 붙잡아야 할 테니, 그 존재의 필수 불가결에 동의할 수 있지만 배의 것은 왜 있어야 하는지 알 수 없었다. 배 가장자리를 따라 촘촘 각기 박힌 그 가늘디가는 가시들을 하나하나 추려내다 부려보는 억지 심사이겠지만…… 하기는 필요 없으면 왜 몸에 붙이고 다니겠는가, 내가 몰라서 그렇지! 적어도 자기를 먹어 삼키는 사람을 귀찮게 하는 효과는 있었다.

그런데 참 예뻤다. 고등어나 꽁치와 달리 매끈하지 않고 오톨도톨한 갈치의 등 가시는 우아하게 물결치는 지느러미만큼이나 내 눈에 어여뻤다. 니트 끝에 짜 넣은 레이스 같다고나 할까. 뱃살에 사선으로 연속해 꽂힌 가시의 모양새도 어찌나 섬세한지, 머리칼만큼이나 가는 바늘에 거미

줄처럼 여릿한 실을 꿰어 공그른 선녀 너울의 끝단처럼 보였다.

그런데 얼핏 눈에 들어온 남편의 앞접시가……? 가시를 잘 발라주었건만 내 솜씨를 의심해, 행여 보이지 않는 가시에 목구멍이 찔릴까, 미심쩍은 살을 모두 떼어낸 것이었다.

"여기 이 살, 다 버릴 거야? 진짜 맛있는 건 여긴데?"

남편에게 버림받은 살을 내 접시로 옮기는데 속에서 심통이 일었다. 가시 잘 바르는 손재주를 바라는 건 아니었다. 가시고 뼈고 우적우적 씹어 삼키는 상남자를 바란 건 더더욱 아니었다. 설사 내가 꼼꼼하지 못했다고 한들, 그깟 가시 한두 개로 뭐가 어떻게 된다고……. 하지만 기세와 달리 내 입에선 아무런 말도 나오지 않았다. 튀어나오려던 그 가시 돋친 말이, 평소의 불만까지 더해져 뿔처럼 우뚝해진 말의 가시가, 기술자를 자처한 거 너 아니었냐는 자책에, 그가 생선을 즐기는 사람은 아니지 않냐는 자송에 걸린 것이었다.

문득, 남진우의 시 「가시」(『죽은 자를 위한 기도』, 문학과지성사, 2000)가 생각났다. '제 살 속에서 한시도 쉬지 않고 저를 찌르는 날카로운 가시'라는 문장이 맥락 없이 떠오른 것이었다. 새삼 갈치가 누워 있는 기다란 접시를 들여다봤다. 갈치는 이제 윗면의 살을 모두 잃고 중앙의 기다라니 굵은

가시를 드러내고 있었다. 기분이 묘했다.

 밥 한 숟가락을 크게 떠서 꿀꺽 삼켰다. 밥과 함께 휩쓸린 말의 가시가 배로 내려가 순하게 옆으로 눕는 게 느껴졌다. 평온해진 나는 조심조심 갈치의 등 가시를 떼어내 접시 가장자리로 옮겼다. 가지런한 잎맥처럼도 보이는 하얀 가시를 잠시 바라보다 중앙 안전지대의 살을 집어 남편의 접시에 올려주었다.

 흡족해져 젓가락을 되돌리는데 불쑥 궁금했다. 방금 삼킨 잔가시야 그렇다 쳐도 그동안 꿀꺽 삼킨 내 수많은 말 가시의 현재랄까, 미래랄까가. 설마 싶으면서도 그것이 뱃속에서 나를 찌르고 있는 건 아닌지, 쌓이고 겹치고 붙어 저기 저 등 가시처럼 하얀 잎맥을 펼치고 있는 건 아닌지…….

주인은 누구?

 하필 운동을 결심한 첫날, 비가 내린다. 안개비인 게 그나마 다행이라면 다행이겠다. 오래전 사둔 빨간 우비를 꺼내 입고 집을 나선다.

 그동안 건강하다고 생각했다. 성인병 증상 없이 골밀도도 폐활량도 괜찮았기 때문이다. 몸무게도 그만하면 봐줄 만하고 하다못해 충치도 없어서. 하지만 내 몸에는 내가 모르는 속수무책의 내가 있었다. 내 관리를 거부한 채 내 마음과 상관없이 움직이는 것들이…….

 얼마 전, 영실에 털진달래를 보러 갔다 졸도했다. 좁고 가파른 오르막 끝에 있는 첫 쉼터에서였다. 데크에 올라가 서는 순간, 갑자기 아득했다. 머리 뒤쪽에서 얼굴을 감싸듯 뭔가 검은 것이 몰려오는가 싶더니 앞으로 그대로 엎어졌다. 잠시 기억의 필름이 끊기고……. 양팔이 잡아당겨지고 있는 느낌과 함께 괜찮으냐, 일어나 보겠냐는 소리가 흐릿하게 들려왔다. 사진을 찍느라 뒤처졌던 남편이 달려온 건 내가 엉거주춤 머리를 들며 괜찮은 것 같다, 고맙다고 말할 때였다. 나보다도 더 놀랐던지 급하게 달려온 남편은 내 옆에 주저앉은 채 한동안 말도 못 하고 내 머리만 쓰다듬었다.

그런데 이상했다. 5분쯤 지나자 아무렇지도 않았다. 데크에 세게 맞닿았던 입 주변이 붓고 아프기는 했지만, 거짓말처럼 멀쩡했다. 남편이 걸을 수 있겠냐며 재촉했다. 조심조심 길을 내려왔다.

'쿵하는 소리가 마누라 쓰러지는 소리일 줄이야'와 '데크에서 쓰러진 게 천만다행이다'와 '앞으로 절대 혼자 다니지 말라'는 말을 거듭 들으며 병원에 갔다. 신경과에서 예약을 잡아줬고 자율신경계와 심장초음파 등의 검사를 받았다. 결과는 기립성저혈압. 의사로부터 고지혈증 약 처방과 함께 하체 근육을 기르라는 운동처방을 받았다. 동작을 멈추거나 바꿀 때 절대 급격히 하지 말라는 주의 사항과 함께였다.

걸음을 멈춘다. 보이지 않던 새들이 갑자기 날아오른다. 한 몸인 양 날아올랐다 또 다 같이 날아내리는 새들……. 회청색 하늘로 후드득 흩어지다 초록 잎 속으로 우수수 쏟아져 내리는 날개들……. 새들을 바라보다 얼마 전 읽은 소설, 『가재가 노래하는 곳』(델리아 오언스, 김선형 옮김, 살림, 2019)의 시구를 떠올린다. 절대로 심장을 과소평가하지 말라고 했던가. 정신이 생각해 낼 수 없는 일들을 저지른다며.

어디 심장뿐이겠는가, 위도 장도 쓸개도 허파도 자기 마음대로 움직이지 않던가. 영실에서는 자율신경이란 녀석이 나를, 내 마음을, 완전히 날려버리기까지 했다. 그러고 보니 나는 마음이 '나'라고 생각하나 보다. 정신이 '몸의 주인'이라고 여기나 보다.

다시 걷는다. 마을 쉼터를 지나 노인회관을 지나 집을 향해 나아간다. 가지가 모두 옆으로 휘어 평온한 날에도 바람을 느낄 수 있는 리사무소 앞 팽나무를 지나고 스스로 잎을 던져 종자를 퍼뜨린다는 하얀 벽돌집 돌담 밑의 땅채송화를 지난다. 키 큰 민들레가 금계국 사이에서 흔들리는 폐교를 지나고 인동과 산딸기가 넝쿨로 엉켜 있는 공터 앞 덤불을 지난다. 그러다 발견한 새빨간 산딸기.

산딸기를 따 입에 넣고 또 넣다 흠칫 놀란다. 하마터면 벌레까지 먹을 뻔했다! 아니, 이미 삼켰는지도 모른다. 먼지와 빗방울과 거미 발자국과 개미 똥과 함께……. 불쑥, 이 덤불 안에 아주 많은 것들이 있겠구나 싶어진다. 이 공터에는 더더더 많은 것들이 살고 있고. 그러고 보니 우리 집 마당에도 꽤나 많은 것들이 깃들어 있겠다.

집 마당을 떠올려 본다. 남편이 심고 관리하는 매화 무화과 대추 하귤 등의 나무와 파 상추 고추 근대 등의 텃밭 작물 그리고 내가 살피는 백합 수선화 수국 장미 등등의 꽃과 이런저런 다육이와 수많은 잡초들……. 새와 나비 잠자리 벌 사마귀 메뚜기는 관리나 보살핌 없이도 빈번히 드나들고 개미와 진딧물 콩벌레 거미는 아예 내 집을 제 집 삼아 살고 파리 모기 지네 돈벌레는 약품 살포로 출입을 금지해도 날아들고 기어들고……. 그뿐인가, 돌확에는 수련과 함께 이끼는 물론 우렁이 달팽이 청개구리가 들고나고 고양이는 고양이대로 돌담 위건 텃밭이건 시도 때도 없이 나타나 야옹야옹 옹성대고 있지 않은가. 며칠 전에는 실뱀이 잔디 사이를 미끄러지듯 지나가는 것도 봤다. 언젠가 본 다큐멘터리에서는 거미에 기생하는 더 조그만 말벌도 있다고 했으니?

헤아리니 놀랍다. 내가 마당의 주인인 줄 알았는데 수를 알 수 없을 만큼 많은 것들이 주인행세를 하며 내 마당에 살고 있다. 어디 마당뿐이랴. 집 안에는 또 가구에는 내 눈을 피해 숨어든 것들이 또 얼마나 많겠는가. 혹시 내 몸도 그러려나 모르겠다. 내 몸의 것들이 각각 자기 의지대로 움직이는 것도 모자라, 내가 허락하건 말건 세균과 바이러스와 곰팡이를 마당에 꽃나무 심듯, 집에 세간 들이듯, 불러들이고 있는지……. 내가 쫓아내고 털어내도 들이닥치는 것들이 있듯 내 위와 장과 심장 간 허파에도 나는 물론, 그들조차 마다하는 기타 등등의 것들이 제멋대로 들러붙고 있는지…….

세간을 들인다는 말이 불쑥, 엄마를 불러온다. 내 어릴 적, 집이 들으면 섭섭해한다며 엄마는 집 안에서 집에 대한 불평이나 이사 등의 말을 하지 못하게 했다. 구조를 변경하거나 벽에 못 박는 것도 싫어했다. 혹시 엄마 그때, 집이 마음을 갖고 있다고 생각한 걸까? 엄마 식으로 생각하면, 나나 남편이나 아들들은, 또 나무나 푸성귀나 벌레들은, 내 몸의 것들에 붙어사는 곰팡이나 박테리아처럼 집의 장기에 붙어사는 무엇들이 된다. 하기는 내가 집을 떠나도 집은 제 자리를 굳건히 지키며 여전히 많은 것들을 품을 테니, 집에 마음이 있나 없나는 몰라도, 나를 비롯한 생명들이 집에 빌붙은 무엇인 건 맞지 싶다.

걸음을 뗀다, 뭔가 쓸쓸해하며, 허탈해하며. 내가 내 집의 독점적 주인이 아니고 또 내 마음이 내 몸의 온전한 주인이 아님을 확인한 것이다. 내 집에도, 내 몸에도, 또다시 수많은 마음과 집과 몸이 있음을 알게 된 것이다. 그런데 이거 억울한 일이지 않은가. 쓸고 닦고 치우고 고쳐 몸들의 집을 쾌적하고 청결하게 유지하는 것은 고스란히 내 몫의 일이기 때문이다. 또 씻고 감고 먹고 움직여 집들의 몸을 보암직하고 건강하게 관리하는 것 또한 나의 일이기 때문이다. 아닌가? 불평할 일이? 보다 큰 권한과 책임을 가진 관리자임을 자랑스러워해야 할까?

  길 한가운데 조그만 물웅덩이가 생겨 있다. 다가가 웅덩이를 들여다본다, 하늘과 나를 품고 있는 동그란 세계를. 그 동그란 세계 속 옅은 색채로 흔들리는 비옷 입은 얼굴과 그 얼굴 속에서 반짝이는 눈동자를. 그 눈동자 각각이 되비추는 다시 푸른 하늘과 빨간 비옷과 까만 눈동자와 또다시……

일주도로 걷기

와아! 짝짝짝! 내가 나 자신에게 박수를 쳐준다. 스스로 기특해서다. 이제 남은 거리는 24km, 반으로 나누어 12km씩 2번만 더 걸으면 일주 완성이다.

지방도 1132번, 제주를 빙 두르는 도로를 따라 섬을 한 바퀴 걸어볼 생각을 한 건 올해 초였다. 안 그래도 집순이인 내가 3년 동안 거의 집에만 박혀 있다, 코로나19가 웬만해지자 큰 목표를 세워본 것이었다. 한 번 들앉으면 도통 나가려 하지 않는 내 습성을, 팬데믹의 엔데믹 전환을 계기로 바꿔 보려는 꿍꿍이랄까. 뱉은 말에 전전긍긍하는 성격을 이용해서 말이다.

첫걸음을 뗀 날은 2월 6일이었다. 일기를 써 둔 덕에 정확하다.

    오늘 12시, 제주 섬 한 바퀴 걷기를 시작했다. 월령리 미용실까지는 여러 번 걸었던 터라 미용실에 차를 세워두고 금릉리, 협재리, 옹포리를 힘차게 지났다. 한림까지 걸어갈 생각이었다. 그런데 언제부터인지 발바닥이 신경 쓰였다. 모래가 들어갔나 싶은 게 영 불편했다. 결국 명월성지(명월리와 동명리 일대에 있는 성터)에서 멈췄다. 안 그래도 차로 스칠 때마다 궁금해하던 차였다. 틈새 없이 정교하게 쌓은 현무암 성곽의 윤곽선이, 그 곡선과 직선이, 너무나도 멋져서였다.

    돌계단에 앉아 운동화부터 털었다. 이상하게 아무것도 없었다. 다시 신발을 신고 걸었다. 발바닥의 성가심이 여전했다. 괜찮아지기를 바라며 돌계단을 올라갔다. 옹벽 위를 아슬아슬 찔뚝찔뚝 걷다 남문 마루에 한참을 앉아 있었다. 눈으로는 비양도를, 손으로는 발바닥을, 어루만지면서였다. 돌아가야 할 것 같았다. 목표에는 한참 못 미쳤지만 발도 아프고 다음 번 차 두기에도 이곳이 좋을 성싶었다. 일어나 걷는데 발바닥이 점점 더 아파왔다. 급기야는 산산조각 난 유리 위를 맨발로 걷는 느낌마저 들었다. 차까지, 말 그대로 고난의 행군을 했다.

집에 와, 양말을 벗어보니 발바닥이 난리도 아니었다. 허옇게 일어난 반투명 살갗 밑으로 물과 공기가 뱅글뱅글 움직이고 있고 발가락은 발가락대로 선홍색으로 물들어 있었다. 왕복 3시간도 채 안 되는 걷기로 발이 엉망진창이 된 것이었다. 오랜만에 걸어서일까? 아니었다. 하루 종일 걸은 날도 이렇지는 않았었다. 문제는 운동화지 싶었다. 지난번 서울에 가서 산 C국 산 엄청 예쁜 운동화!

그 후 걷지 못했다. 얼마지 않아 발바닥은 원상회복했지만, 운동화도 걷기 전용으로 즉각 마련했지만, 웬일인지 나갈 엄두가 나지 않았다. 본래의 나로 쉽게도 돌아간 것이었다. 그런데 이상했다. 걷기만 안 하는 게 아니라 글쓰기도 시들하고 그렇게나 즐거이 그리던 그림도 귀찮았다. 누운 채 까닥까닥 책을 읽거나 뒹굴뒹굴 영화를 봤다. 그러다 덜컥 코로나19에 걸렸다. 다행히 심하게 앓지는 않았다. 3박 4일을 취한 듯 잠의 나락에 빠져든 덕에 고통을 덜 느낀 것인지도 몰랐다. 후유증이 있었다. 사람이 조금 달라졌다고 할까. 괜스레 나가고 싶었다. 걷고라도 싶었다. 바이러스 감염으로 억지로 갇히면서 답답증이 생긴 것인지도 몰랐다. 은연중 건강을 챙겨야겠다는 마음이 인 것인지도 모르고……. 문제는 그 시기가 하필 땡볕 작렬하는 폭염기였다는 것. 왕복 걷기는 포기했다. 차 둔 곳까지 대중교통을 이용해 되돌아왔지만, 몸에 비키니 문양의 그림자 흔적을 얻었다.

걷는 건 좋은데 왜 하필 자동차 쌩쌩 오가는 지방도냐는 질책 비슷한 질문을 받은 적이 있다. 굳이 도로여야 한다면 해안도로가 어떻겠느냐는 대안을 제시받기도 했다. 물론 내게도 나름의 이유는 있다. 우선은 혼자 걷기 때문이다. '위험한데 벗 삼아 남편과라도 함께 걷지'라는 충고는 사양한다. 걷기만큼은 자유롭게 홀홀히 하고 싶다. 다음은 길에 신경 쓰기 싫어서다. 해안도로나 마을 안 올레가 풍광은 훨씬 좋지만 '이 길로 가는 거 맞나, 저쪽 길로 들어서야 했던 것 아닐까' 하며 살피고 궁리하는 상황이 귀찮다. 말하자면 나란 작자, 사람도 길도 괘념치 않고 그저 걷는 것만 하고 싶은 것이다. 리베카 솔닛의 '홀로 걷는 사람은 세상 속에 있으면서도 세상과 동떨어져 있다'는 명언을 몸소 체험하고 싶은 거다. 그녀는 『걷기의 인문학』(김정아 옮김, 반비, 2017)에서 이렇게 말한다.

> 이상적으로 볼 때, 보행은 몸과 마음과 세상이 한 편이 된 상태다. 오랜 불화 끝에 대화를 시작한 세 사람처럼,

문득 화음을 들려주는 세 음표처럼, 걸을 때 우리는 육체와 세상에 시달리지 않으면서 육체와 세상 속에 머물 수 있다. 걸을 때 우리는 생각에 빠지지 않으면서 생각을 펼칠 수 있다.

그녀의 말을 내 식으로 바꾸면 '걷기는 나 자신을 잊으면서 나 자신을 발견하는 이상한 경험'이다. 다시 걷기 시작한 첫날, 발이 지면을 디디며 지구라는 우주와 연결되는 듯한 감동에 겨워하던 내가 생각난다. 그 겨움에는 내가 내 몸에 유익한 일을 하고 있구나 하는 기꺼움도 섞여 있었겠다. 마주 불어오는 바람에 온몸이 씻기는 느낌은 정말이지 청량했다. 내 속의 노래가 하늘로 날아가 구름에 얹히는 기분도 가뿐하고 흐뭇했다. 그러나 무엇보다 좋은 건 이런저런 생각이 일어나는 거였다. 어린 왕자가 그려진 국수집 담을 지날 때는 '네가 오후 네 시에 온다면 난 세 시부터 행복해지기 시작할 거야'라던 여우의 말이 떠올랐고 수 소철과 암 소철이 나란히 핀 언덕길을 오를 때는 '자연은 하나같이 수컷 뾰족 암컷 둥글이네' 하며 글감을 가늠하기도 했다. 길가에 아무렇게나 엉켜있는 콩잎들에 발이 거칠 때는 '어린 콩잎으로 보리밥에 된장 얹어 쌈 싸먹고 싶다'던 엄마가 생각나 울컥했고 '전 객실 바다 뷰'라는 게스트하우스 광고 팻말을 스칠 때는 바다 향해 등 보이고 앉아 고요히 침잠하는 나를 동경하며 흡족해하기도 했다.

그런데 걷는 시간이 쌓이고 걸은 거리가 늘어나면서 내 걷기의 양상이 달라졌다. 생각이 일어나고 상상이 솟아나던 걷기가 오히려 아무런 사고思考 없이 머릿속을 맹텅 비우는 걷기로 바뀐 것이었다. 디폴트 상태라도 된 듯. 그러면서도 보폭은 넓어지고 속도는 빨라지고……. 합창 연습이 있던 날, 어이없는 일을 벌인 것도 그래서일 터였다.

그날, 앱을 검색해 보니 새로 걸어야 할 시작점 한경 면사무소에서 연습 장소까지의 거리가 6.2km였다. 한 번 나가면 보통 10km 정도를 걷는지라 면사무소 근처에 차를 세워놓고 걸으면 시간과 체력상 충분하고도 남았다. 서둘러 나갔다. 땀 식힐 시간을 벌기 위해서였다. 그런데 지나쳤다. 무슨 생각에 그리 빠졌던 건지 아니, 디폴트 상태가 어찌나 완벽했던지 도로를 벗어나 옆길로 들어서야 하는데 놓쳐버린 것이었다. 그것도 서귀포 무릉리 도로 표지판을 보고서야 알 정도로 터무니없게. 급히 앱을 열었다. 걸어서 가려면 연습 장소까지 1시간 남짓 걸린다는 응답.

이미 많이 지각이었다. 택시를 부르기도 난감했다. 연습을 포기하고 남편에게 와 달라 연락해야겠다 싶어, 먼저 합창단 단장님께 전화했다. 오늘 못 갈 것 같다고 사정을 말했다. 내비게이션에 의지해 차로만 다닌 데다 시작한 지 얼마 되지 않아서인지 길이 헛갈렸다고, 걸을 때와 자동차로 달릴 때의 시각적 느낌이 많이 다른가 보다고, 변명도 덧붙였다. 그녀는 깔깔대며 데리러 오겠다고 했다. 고맙고 미안한 마음에 다른 때보다 소리 높여 힘차게 노래했다.

 아무튼 짝짝짝이다. 어쨌건 쓰담쓰담이다. 이런 일 저런 일이 있었지만 그래도 해내지 않았는가. 남은 구간은 조금 특별하게 숙소를 잡고 걸어볼 생각이다. 우선은 서쪽 끄트머리 집에서 걸어야 할 장소 동쪽 끝까지 오가는 데만 자동차로 4시간 이상 걸리기 때문이다. 다음은 가끔이지만 데려다주고 밥도 사준 남편에게 일주의 기쁨을 나누어 주고 싶어서다. 그런데 나, 너무 요란하게 좋아하는 것 같다?!
 이왕 떠버리 된 거, 딱 하나만 덧붙일까 보다. 일주 목표를 이룬 뒤에도 걷기를 계속하는, 붙기 시작한 근육으로 부지런히 글도 쓰고 신나게 그림도 그리는, 내가 되기를 바란다고.

차귀遮歸

 배에서 내려 사람들 뒤를 쫓는다. 때리듯 뺨을 스치는 바람이 상쾌하다. 차귀도는 오늘이 두 번째다. 작년 봄에 왔을 때 얼마나 좋았던지 돌아가는 배에서 '내 맘대로 제주 3경'에 넣었다. 내가 뽑은 제주 3경은 영실과 용눈이오름과 차귀도다.

 차귀遮歸도에는 흥미로운 전설이 있다. 옛날 중국 호종단이 제주에서 중국에 대항할 큰 인물이 나타날 것을 경계해 지맥과 수맥을 끊고 중국으로 돌아가려 할 때 매로 변한 한라산의 수호신이 폭풍을 일으켜 이 섬 근처에서 배를 침몰시켰단다. 실제로 매섬은 정말 매처럼 생겼다. 포구 방향에서 볼 때 얘기다. 그리고 전설에서 알 수 있듯 차귀도는 하나의 섬이 아니다. 죽도와 와도, 매(독수리)섬이라는 무인無人의 세 섬을 모아 차귀도라 일컫는다. 지금 걷고 있는 이곳은 본도라 불리는 죽도다.

폭이 좁은 오르막길을 오른다. 곧 옛 집터에 당도, 섬 전체가 천연기념물로 돌 하나도 집어 와서는 안 된다는 선장님의 말씀을 마음에 새기며 조용히 왼쪽 길로 들어선다. 오솔길 위로 펼쳐지는 푸른 하늘, 그 너머의 더 푸른 바다……. 완만하게 이어지는 누르스름한 능선이 가슴을 설레게 한다.

곧 볼래기 동산에 오른다. 꼭대기 등대 앞에 서서 볼락볼락 가쁜 숨을 내쉬며 아래를 내려다본다. 하늘에 맞닿은 바다를, 바람에 휩쓸려 눕고 일어나기를 반복하고 있는 억새들을……. 소금기 섞인 축축한 공기를 호흡하며 삼삼오오 걷고 있는 사람들의 모습도.

작년 봄에 왔을 때와는 또 다른 감동이 인다. 그때는 구불구불 이어지는 좁은 억새 길을 걸으며 메밀 밭에서 소금을 떠올린 어떤 분을 생각했었다. 그분이라면, 잠시도 가만히 있지 않는 하얀 점들과 이리저리 휩쓸리는 갈색 선들에서 세상을 놀라게 할 은유를 지어내실 텐데 싶었다. 그런데 오늘은 그 많던 하얀 점이 없다. 대신 바람에 나부끼는 길고 억센 털을 무수히 등 거죽에 돋우어 낸 몸 웅크린

짐승이 있다.

 슬며시 웃음이 나온다. 억새 사이를 걷고 있는 행렬이 거대한 동물의 털 가르마를 기어가는 개미나 이처럼 보여서다. 어쩌면 지신地神의 가마. 그런데 이상도 하지, 내 마음이 왜 이리 조용하고 평온한 걸까? 시시비비나 다툼, 판단 같은 건 솟아나지도 품어지지도 않던 옛적 어느 시절, 첫사랑의 때처럼…….

 이즈음 까닭 없이 행복하다. 불쑥불쑥 기쁘기도 하다. 마음에 고여 있던 못되고 나쁜 것들이 빠져나가 순하고 착한 것들만 남아 있는 기분이다. 나쁜 것이란 아마도 원망이겠다. 원망의 대상은 모름지기……. 그런데 그 원심이 없어진 듯싶은 거다. 수시로 벌이던 마음속 일인다역 역할극은 확실히 사라졌다. 변화의 이유는 나도 모른다. 뭔가를 결단하거나 결심한 적이 없다. 남 탓하는 나 자신을 반성하거나 겉과 속이 다른 나 자신을 부끄러이 돌이킨 일도 없다.

 조금 다른 일이라면, 선물 받은 비싼 와인 잔을 깨뜨리고 의외의 해방감을 느낀 일이려나? 사용할 때마다, 먼지를 닦아낼 때는 더욱, 조심스러웠는데 막상 깨뜨리고 나니 아무렇지도 않았다. 지금 남은 하나는 집에 올 때의 통에 담겨 싱크대 안 깊숙이 놓여 있다.

어쩌면 남편과 여행을 한 게 변수였는지도 모르겠다. 남편과 7박 8일 남쪽 지방을 돌아다니며 즐거웠다. 오랜만이어서인지 남편 생일 선물이니만큼 잘해 주자, 마음먹어서인지 '남의 편'으로만 보이던 남편이 간혹 '내 편'으로도 보였다. 그러고 보니 그때 쇼핑을 했었구나!

여행 떠나기 전날, 아버님이 용돈을 주셨다. 아버님은 대회만 있다면 따놓은 당상일, 당신 스스로도 인정하시는 세계 챔피언급 구두쇠시다. 오죽하면 함께 살아온 30년이 넘는 세월 동안 아버님께 받은 게 달랑 스카프 한 장이랴. 그것도 우리 부부가 보내드린 관광지에서 사 오신 중국제. 그러던 분이니 그날, 아버님이 내민 봉투를 받아 들고 내 얼마나 놀랐으랴. '아버님, 왜 평생 안 하시던……'이라는 말이 얼떨결에 튀어나오고 머릿속으론 외람된 상상이 떠오를 정도였다. 그러니까 쇼핑이란 아버님이 하사한 그 금일봉을 여행지 백화점에서 으하하하 써댄 것. 참고로 제주도에는 백화점이 없다. 하지만 정말 그 쇼핑이, 그 하사금이, 내 마음을 변화시킨 것 일라고? 말도 안 된다. 설마하니 내가 그렇게나 단순하고 값싼 속물이겠는가. 그런데 이상한 것은 지금도 생생히 느껴진다는 거다, 봉투를 받아여는 순간 마음속 뭔가가 봄눈 녹듯 사라지는 것 같던 그 이상한 뭉클함이.

다시 걷는다. 바다 너머로 수월봉과 당산봉이 보인다. 더 멀리로는 한라산이 아스라하다. 작년 봄 왔을 때 한라산으로부터 시작해 이어지고 이어지는 능선들을 바라보며 '양 끝을 느슨하게 맞잡은 여신들의 스카프'를 떠올리던 기억이 난다. 이런 또 내가 스카프 타령을 한다!

걸음을 재촉한다. 드디어 차귀도에서 가장 높다는 죽도 정상. 흩날리는 머리카락을 양손으로 모아 쥐며 방금 지나온 억새밭을 내려다본다. 신의 가르마를 따라 이어지다 끊어지고 끊어지다 이어지는 벌레들의 행렬 속에 나를 끼워 넣는다. 순간, 알 것도 같다, 내 마음이 가볍고 희미해진 까닭!

나이에 들어선 것이다. 바니타스 바니타툼 Vanitas Vanitatum, '헛되고 헛되니'를 결코 우울하지 않은 어조로 말할 수 있는 나이! 승패든 우열이든 내 욕심과 혈기로 되는 게 아니었음이 아니, 그런 건 처음부터 중요한 게 아니었음이 깨달아지는 나이! 이제 내가 바라봐야 하는 건 세상을 사는 모두가 다다를 공평한 결말임을 나는 안다. 내 탓 남 탓으로도, 그 어떤 열심과 노력으로도, 바꾸거나 막을 수 없는.

이제 배로 돌아가야 할 시간, 길을 찾아 두리번댄다. 사람들이 웅성대며 돌아서는 걸 보니 더 이상 앞으로 나아갈

길이 없는 게다. 돌이켜 사람들을 따라 걷는다. 소중히 여기던 와인 잔을 깨뜨리고 느끼던 뜻밖의 해방감을 생각하며 묵묵히, 또 아버님의 돈 봉투를 받아 들고 헤 풀어지던 그 수상한 감개를 떠올리며 가볍게, 그리고 이만치 살아온 삶이 새삼 고맙고 다행스러워 큰 숨 내쉬고 들이쉬며…….

어느새 갈림길이었던 옛집 터, 울퉁불퉁한 돌계단에 조심스레 발을 내딛는데 내 입에서 엉뚱한 소리가 새어 나온다. '바니타스 바니타툼.' 다음 칸에 발을 내리면서는 아예 '이대로 가벼워지자'를 소리 내어 읊조려 본다. 내친김에 다음 칸에선 '내 다시 돌아가지 않으리'를 외쳐볼까 보다. 그러니까 젊은 마음으로의 차귀遮歸를.

내 얼굴 만들기

2023 WBC에서 MVP를 한 오타니 쇼헤이의 〈만다라트〉를 소개하는 글을 읽었다. 정확히는, 160km가 넘는 빠른 볼을 던지면서 수십 개 홈런까지 쳐내는 일본 국적의 메이저리거 오타니 쇼헤이가 15세 때 작성했다는 〈만다라트 자기계발표〉를 다룬 신문 칼럼이다. 칼럼에 따르면, 〈만다라트〉란 불교회화인 '만다라'에서 이름을 딴 자기계발표로 가로세로 9개씩 총 81개의 정사각형으로 되어 있다. 중심의 빈 칸에 핵심 목표를, 다음 8개의 사각형에 세부 목표를, 다음 64개의 사각형에 실행계획을 채워 넣는 방식이다.

내가 놀랐던 건 15세 소년 오타니의 세부 목표 중 하나가 운運이라는 점이다. 그것도 하늘에서 떨어지는 운이 아닌, 노력해서 획득하는 운. 그 어린 소년이 '인사하기' '플러스 사고' '책 읽기' 등등을 그 운運을 위한 세부 목표로 삼았다는 말에 나는 어안이 벙벙했다. 중학생 오타니가 운동장 쓰레기를 주우며 '다른 사람이 버린 행운을 줍는 것'이라 했다는 부분에선 평소 좋아하지 않던 떡잎 운운 속담이 절로 떠올랐을 정도다.

'행운은 시력이 좋다'는 말로 끝맺은 칼럼에 고무된 걸까. 나도 〈만다라트〉 비슷한 것을 만들고 싶어졌다. 칸 81개를 채우기는 어려울 것 같고 세부 목표와 실행계획을 두루뭉술하게 뭉쳐 9개의 칸으로 말이다. 핵심 목표는……?

실은 지난 문학 행사 때 의아한 일이 있었다. 한두 사람도 아니고 세 사람으로부터 내 얼굴이 달라져 못 알아볼 뻔했다는 말을 들은 것이다. 그들의 낯빛이나 어조에 염려나 우려가 깃들지 않은 건 다행이었지만 인사상 따라붙어야 할, 당사자인 내가 들어서 신이 날, 말들이 덧붙여지지도 않았다. 겸연쩍어진 내가 '그래요? 저는 잘 모르겠는데……. 제 머리, 엄청 많이 길었죠?'라고 되물어도 그저 신기하다는 듯 빙그레 웃기만 할 뿐이었다.

제주로 이사 온 후 외모에 신경 쓰지 않은 건 사실이었다. 외출할 일이 별로 없는 데다, 이웃이라고 온통 할머니들 뿐인데 그녀들 눈엔 내가 무조건 예쁜이이기 때문이었다. 코로나 이후, 미장원을 가지 않은 탓에 전자동 헤어스타일이 바뀐 것도 사실이었다. 혼자서는 뒤로 땋을 수 없어 옆으로 당겨 땋아야 할 만큼 머리칼이 길었다. 그래도 그날은 행사에 간답시고 내 나름 멋을 낸 건데, 까망이 염색은 안 했어도…….

내가 지금 그때의 일을 떠올리는 건 내 〈만다라트〉의 핵심 목표를 '내 얼굴 만들기'로 해볼까 해서다. 이미 많이 달라졌다는 내 얼굴, 그 변화를 속수무책 당하고 있을 게 아니라 좋은 방향으로 이끌어보자는 속셈이다. 물론 원한대서 얼굴이 예뻐지고 바란대서 인상이 멋져지는 게 아님은 나도 안다. 그렇다고, 해서 손해날 일도 없지 않은가.

종이에 칸을 그리고 가운데 핵심 목표 난에 '내 얼굴 만들기'라 쓴다. '내'라고 썼지만 속뜻은 '운運을 부르는'이다. 이제 8가지 실행 목표를 궁리해야 하는 단계. 이즈음 내가 하는 일들을 떠올려 본다. 청소, 세탁, 요리 등 주부의 일과 잡초 뽑기, 잔디 깎기 등의 마당 일과 수요 반주 등의 교회 일과……. 이 모든 일을 착한 마음으로 한다? 얼굴은 마음의 거울이라고 하니, 시력이 좋다는 운運의 눈에 들려면 마음부터 진정과 정성으로 닦아야 할 것 같아서다. 다음은 책, 그중에서도 인문학책을 좀 더 열심히 읽는다? 기왕이면 지성미 풍기는 얼굴이고 싶은데 그러려면 먼저 교양이 느껴지는 눈빛과 품격을 드러내는 표정이 장착돼 있어야 할 것 같아서다. 1주일에 한 번씩 마사지를 한다는 어떨까? 탁한 피부를 맑게 하고 굳세게 자리 잡은 팔자주름을 조금이나마 펴면 운運까지는 아니라도 호감은 부를 수 있지 않을까? 그러나 안 하던 짓을, 그것도 관련한 숍이 있을 리 없는 제주 촌구석에서, 무슨 정성으로 습관화하랴. 하루에 3번 이상 거울을 보자는 노력하면 할 수 있겠다. 이즈음 정말 거울을 보지 않는다. 심지어 사람들과 외식을 하고도 안 본다. 코로나 기간 마스크로 얼굴의 반을 가리던 습관 탓이리라. 그러고 보니 제 얼굴이 변한 것도 모른 건 도통 거울을 보지 않은 탓일까?

고개가 저어진다. 내가 이렇게나 기획력이 없는 줄 미처 몰랐다. 아무튼 비전이니 꿈이니, 미래와 관련된 유전자를 갖지 못한 작자다, 나란 인간. 한숨을 쉬며 〈만다라트〉를 밀쳐놓고 아이패드를 가져와 연다. 머리가 복잡해져 영화나 한 편 보자 싶다.

이렇게나 아름다운 영화라니……. 기예르모 델 토로의 〈피노키오〉에 완전 감동이다. 영화의 첫 시작부터 예사롭지 않더니(둘 다 나무로 만들어졌는데 왜 마을 사람들이 예수님은 사랑하고 자신은 미워하는지를 묻는 피노키오의 대사를 통해 피노키오를 십자가에 달린 예수님과 연결시킨다) 결국엔 피노키오의 순수한 사랑이 악을 이기고 **변화시키는**(예수님이 사람들을 살리기 위해 생명을 버렸듯 피노키오도 아버지 제페토를 살리기 위해 자신의 영생을 포기한다) 것으로 끝난다.

  영상도 음악도 대사도 다 좋았다. 천재적 기획과 예술성, 거기에 스태프들의 정성이 더해진 덕분이리라. 그중에서도 마음에 남는 몇 장면을 꼽자면, 우선 아이를 그 자체로 사랑하는 게 사회의 용인을 따라가는 것보다 중요함을 깨닫는 순간의 제페토의 모습이겠다. 군사훈련을 받게 된 피노키오가 기숙사 침대에 누워 또래 캔들윅과 대화하는 장면도 뺄 수 없다. 피노키오의 말을 듣는 캔들윅의 커다란 눈에 그득히 고이던 눈물이라니. 절망에 빠진 사람은 사랑하는 사람을 향해서도 못된 말 할 수 있음을 피노키오의 대사로 새삼 알았다. 내게도 있기 때문이다. 상대를 향해 일어나는 못된 감정이 진심인 줄 알았는데 시간이 가면서 그게 아니었음을 깨달은 그런 경험. 새삼 '그'를 용서한다. '그'도 나를 용서하기를. 그리고 또 있다. 마지막 생을 알차게 살라고 피노키오를 격려하던 죽음의 요정의 모습…….

  아이패드를 닫고 내 〈만다라트〉를 끌어와 펼친다. 어쩐지 실행 목표, 세울 수 있을 것도 같다. 피노키오의 말들이 또 '마지막 생을 알차게' 라 격려하던 요정의 모습이 머릿속의 안개를 걷어준 느낌. 15세 소년 오타니나 갓 만들어진 피노키오와는 다른 내 계절을 새삼 깨달았다. 가을의 끝에 와있는 게다, 나는 지금. 나무라면 자신을 스스로 자기만의 색으로 곱게 물들여야 할 계절. 나목이 되기 전, 어쩌면 생의 가장 아름다운 모습일 수도 있을…….

말 그대로의 '내' 얼굴 만들기로 돌아간 핵심 목표 위, 실행 목표 첫째 칸에 지금까지의 삶에 감사하고 내가 가진 것에 만족하기라고 쓴다. 이어 둘째 칸에는 다른 사람도 나 자신도 있는 그대로 인정하기라고 쓴다. 셋째 칸에는 이면을 의심치 말고 단순하고 순수하게 표면만 보기라 쓰고, 오른쪽 넷째 칸에는 다른 사람의 평가에 흔들리거나 고정관념에 휘둘리지 않기라고 쓴다. 다섯째 칸에는 내 몫의 권한과 자유 안에서 맘껏 좋아하고 싫어하고 거절하기라고 쓰고 아래 여섯째 칸에는 우울 상태에 빠지면 누구도 진심과 다른 말 할 수 있음을 인정하기라고 써넣는다. 그러니까 용서를 남발하기라고.

그런데 이상하다. 언제부터인지는 모르지만 내가, 지금 쓰고 있는 실행 목표대로 살고 있었다는 생각이 머리를 스친다. 다른 생각도 끼어든다. 혹시 내 얼굴이 달라진 것, 그래서일까 싶은. 그러니까 코로나 기간 두문불출 혼자(? 가족과만 별사건 없이) 지내면서 비교적 실패 없이 내가 원하는 대로 혹은 내 소신대로 산 덕에 얼굴이 변했다는 얘기를 듣는 건 아닌가 싶은.

  불안한 마음으로 자리를 박찬다. 거울을 보기 위해서다. 내 실행 목표, 이대로 계속 밀고 나가도 되는 건지 확인해 보기 위해서다. 혹시 대폭 방향 수정이 필요한 건 아닌지.

말의 씨

 아무래도 말이 씨가 된 것 같아요. 밑도 끝도 없이 말의 씨라니, 뜬금없다고요? 그러네요, 제가 생각해도 난데없네요. 신문을 읽다 말고 어려서의 제 독백을 생각해 낸 것부터요. 얼핏얼핏 그날의 장면이 떠오르는 이유를 저도 모르겠어요. 암튼, 조금 전 제가 신문에서 본 건 산천어에 대한 칼럼이었어요. 송어랑 친척이지만 바다로 나가지 않고 강과 계곡 등에서 산다는 육봉형 물고기요. 다 자란 몸길이가 바다로 나아간 동족의 절반이 채 안 되고 몸의 검은 반점도 없어지지 않고 번식 후에도 살아남는다는……. 제가 산천어와 비슷하다는 생각을 했던 거예요. 평생 집안에서만 뱅뱅 돌다 이 나이가 된 집순이 제가. 꿈을 품고 의욕적으로, 능력 있게, 바깥 활동 하는 사람을 바다로 나아간 송어라 할 때 말이지요.

말씀드리기 겸연쩍지만 저는 어려서부터 애늙은이였답니다. 한참 장래를 꿈꾸고 소망을 키울 나이에 하루살이처럼 하루가 전생(全生)인 양 살았던 거예요. 갖고 싶은 직업이라든가, 되고 싶은 인물에 대한 소망 없이 당장 주어진 일만 열심히 하고 살았다는 얘기지요. 집이 무척 가난했거든요. 몸도 약했고 또……. 아, 다자이 오사무의 단편집(『갈매기 산화 수치 아버지 신랑』, 김욱 옮김, 도서출판 리수, 2018)에 저와 비슷한 캐릭터가 있어요. 찾아 읽어드릴게요.

> 저는 앞으로 어떻게 살아야겠다는 계획 같은 것이 없습니다. 세상을 비관해서가 아닙니다. 세상을 체념해서도 아닙니다. …… '내일 일을 염려하지 말라'고 그분께서도 말씀하셨지요. 아침에 눈 뜨면 저는 오늘 하루도 알차게 살고 싶다는 마음뿐입니다.

「신랑」의 한 부분이에요. 소설의 앞부분에 밑줄 쳐둔 곳도 읽어드릴게요.

> 하루의 의무가 곧 생애의 의무라는 마음가짐으로 노

력해야겠다. 속여서는 안 된다.

 그러니까 굳이 저의 어려서의 소망을 따진다면 하루하루 잘 살다 나중에 좋은 어른이 되는 것이었지 싶네요. '좋은'이라고만 하면 애매하다고요? 어려서의 생각이니 '선량한'이나 '본받을 만한' 정도이지 않을까요? 그래서 좋은 어른이 되었냐고 물으시면 자신은 없어요. 정성껏 살려고, 시간과 사람을 성실하고 정직하게 대하려고 애는 썼는데 모르겠어요. 그래도 스스로 평온한 사람이 된 거는 같아요. 수양이 깊어서는 아니고요, 여차하면 숨어들 방을 우연히 갖게 된 덕분이지요. 골방의 열쇠는 러시아 작가 류드밀라 울리츠카야의 소설 『소네치카』(박종소 최종술 옮김, 비채, 2012)를 읽다 찾았답니다. 50대 중반, 뭔가로 속을 끓이던 어느 날이었지요.

> 그러자 이 페이지들 속에 있는 단어의 완벽함과 구현되어 있는 고상함으로부터 오는 조용한 행복이 소냐를 비추었다.

 마지막 문장을 읽는데 아련해지더군요. 책을 다 읽어버렸다는 아쉬움도 더해졌겠지요. 책을 가슴에 안고 눈을 감앉어요. 온 사방이 잠잠히 사라지며 책 속 조용한 행복이 가슴에서부터 온몸으로 햇살처럼 퍼지는 거예요. 소냐(소네치카)를 비추던 충만한 것들이, 문장과 단어에 구현된 아름다움과 고상함이, 저와 제 주변에 으늑히 차오르는 감개가 벅찰 정도였어요. 순간, 책이 있는 한 분노와 슬픔에 무너지는 일은 없으리라는 생각이 머리를 스치더군요. 페이지 속 문장이 불러일으킨 상상 속 인물에 공감하는 능력으로 예술가 남편의 외도를 이겨낸 소네치카처럼, 저도 독서를 통해 제게 닥친 어려움을 극복해낼 수 있겠다는 생각이요. 그녀가 소설 속 주인공에게 몰입하듯 저도 그녀에게 깊숙이 빠졌던 거예요. 이후 언제나는 아니지만 많은 경우 저의 도망질은 성공했답니다. 책 세상으로 들어가 저 자신을 잊은 거예요. 활자 사이를 걸어 다니며 마음을 다스린 거지요.

이런, 말의 씨가 곁가지를 쳤네요. 어린 날의 독백으로 돌아갈게요.

그날은 집에 아무도 없었어요. 할 일이 없던 저는 종일 안방에 누워 책을 읽었지요. 집에, 아버지가 6살 위의 언니에게 사준 어린이용 세계문학전집이 있었거든요. 비좁은 셋집을 더욱 비좁게 하는 찻잔 장, 오르간 등과 함께 아버지 잘나가던 시절의 유물처럼요. 어린 저는 행복했답니다. 조용하고 한가하고 편안하고 그러면서 신나고 재미있고……. 평생 이렇게 살면 좋겠다 싶은 생각이 들 정도였어요. 갑자기 방문 여는 소리가 들렸어요. 이어 '불도 안 켜고 이 어두운 데서 뭐하고 있느냐'는 엄마의 목소리도요. 주섬주섬 책을 안고 건넌방으로 가는데 귓전에 독백 같은 음성이 고이는 거예요. '나의 마지막 모습, 바로 이거여야 해' 하고요. 머릿속으로는 바닷가의 오두막, 세간도 별로 없는 정갈한 방에 홀로 누워 책 읽고 있는 호호 할머니의 모습이 떠오르고 있었어요. 눈이 얇게 쌓인 창틀로는 붉은 노을이 비쳐 들고 파도 소리가 넘어오고 있었지요.

생각해 보면 이상한 일이지요. 초등학교 4학년생이 얼마나 살았다고, 인생에 대해 뭘 안다고, 이런 말을 읊조린 걸까요. 게다가 저는 그때까지 바다를 본 적이 없거든요. 가족 여행이 언감생심일 만큼 경제적 문화적으로 궁박한 어린 시절을 보냈으니까요. 아하, 아이가 바다를 볼 수는 있었겠네요. 책으로요. 그날 제가 읽은 책이 바닷가 마을의 이야기였을지도 모르겠어요. 이야기는 아주 어려서부터 좋아했던 것 같아요. 책과 처음 만나던 광경은 지금도 생생하답니다.

초등학교 5, 6학년쯤 된 오빠였어요. 대여섯 살 정도의 어린 제가 그 오빠 옆에 앉아 있지요. 엄마 아버지의 친구

중 누군가가 저희 집에 며칠 묵게 되면서 제 몫의 선물로 사 온 그림책을 읽어주는 거였어요. 그때는 아버지 사업이 망하기 전이라 제법 괜찮은 집에 살았거든요. 처음 본 그래서 조금은 서먹한 오빠의 목소리로 듣는 '열려라 참깨', 어찌나 신나고 재미있던지요. 장을 넘길 때마다 달라지는 그림은 또 얼마나 예쁘고 신기하던지요. 툇마루에 앉아 아라비아의 골목을 헤매는 저의 말랑 보드라운 뇌 주름에는 이야기에 대한 또 그림에 대한 평생의 이미지가 새겨지고 있었을 거예요. 근사하고 행복한 충격으로요.

하지만 막상 책을 많이 읽지는 못했어요. 사정이 녹록지 않았어요. 특히 결혼 이후 아이들이 대학생이 되기까지의 기간은 제게 문학적 책 읽기에 관한 한 중세와도 같은 시기였답니다. 함께 사는 가족 삼대의 뒷바라지도 바빴지만 무슨 열심인지 신앙 서적만 읽었지 뭐예요.

말의 씨가 또 샛길로 빠졌네요. 암튼 저란 작자, 말만 꺼내면 장황해져서……. 이제부터는 딴소리 안 하고 요점만 말씀드릴게요.

5년 전부터 제주 바닷가에서 살고 있어요. 제주로 이사하게 된 경위요? 엉성해요. 수필가 모임이 제주에서 행사를 했는데 일정보다 하루 먼저 내려온 제가 렌트한 차로 마구 돌아다니다 제주에 홀딱 반하면서 이루어진 일이니까요. 그날 그 충만했던 행복감이 어디서 온 건지는 지금도 의아해요. 당연히 가는 곳 보는 것마다 아름다운 제주의 풍광에서 온 것이겠지만 돌봐야 할 가족이 곁에 없다는 것에, 나는 나 한 사람만 책임지면 된다는 사실에, 슬그머니 기뻐지던 제 마음 또한 부정할 수 없으니까요. 아무쪼록 그날은 제게 한껏 자유롭고 즐거운 하루였답니다. 집에 돌아오자마자 남편에게 말했어요. 언젠가 제주에서 살아보고 싶다고요. 남편이 선뜻 그러자고 하더군요. 그래도 진짜 이사하게 될 줄은 몰랐어요. 다음 해 남편이 생각보다 빨리 은퇴한 탓 아니, 덕분이지 싶기도 해요. 그도 여러 가지로 마음이 복잡했을 테니까요.

그런데 오늘 신문을 읽다 어려서의 독백을 떠올린 거예요. 동시에 혹시 제주살이가 그 말의 열매인가 싶어진 거예요. 이즈음 책을 읽고 있거든요. 안 그래도 집순이가 친척 친구 하나 없는 낯선 곳으로 거처를 옮겼으니 생활이 단순해질밖에요. 그러니까 제 말은 저의 현재가 말 그대로 바닷가의 책 읽는 할머니라는 거지요. 말의 씨를 떠올릴 만하지 않나요?

느닷없이 다른 생각이 머리를 스치네요. 혹시 제가 꿈을 가진 적 없는 게 아니라 큰 꿈을 징그럽게 오래오래 품고 있었던 건 아닌가 하는……. 책을 읽을 수 있을 정도의 건

강과 지성으로 마지막까지 사는 거, 아무나 쉽게 할 수 있는 일 아니잖아요. 네? 얼굴이 붉어졌다고요? 맞아요, 저 말하면서 조금 머쓱해졌어요. '나라를 구하자'도 아니고 '생명을 살리자'도 아니고 '저 혼자 잘 살다 잘 죽자'에 큰 꿈까지 끌어들인 저 자신이 스스러워진 거지요. 제가 좀 그래요. 순진한 건지 생각이 없는 건지 당장 지금만 해도 보자기 아니, 손수건 크기의 현재를 사는 주제가 뭐가 자랑이라고 대놓고 이렇게나 길게 떠벌리고 있잖아요. 산천어에 빗댄 것 취소할까 봐요. 개굴개굴 시끄러운 우물 안 개구리라면 모를까.

  그래도 저 지금 기분이 무척 좋아요. 저 자신을 아니, 여전히 진행 중인 저만의 꿈을 새롭게 발견했으니까요. 그래서 말인데요. 저, 기왕 뿌려 가꿔온 말의 씨, 끝까지 잘 키워볼까 봐요. 정직하고 성실하게요. 이제 저의 마지막 장소, 어디라도 괜찮지 싶어요. 제 집 제 방이라면 꼭 바닷가 마을이 아니어도요.

  네? '제 집 제 방'이 오늘 새로 뿌리는 말의 씨앗이냐고요?

노트북과 커피와
비스킷

『작가란 무엇인가』(『작가란 무엇인가』 1. 현재 이 책은 3권까지 나와 있다)를 반갑게 뽑아든다. 도서관 대신 내 방 책장을 뒤지다 '소설가들의 소설가를 인터뷰한다'는 부제에 눈이 화들짝 커졌던 것. 그런데 휘리릭 펼쳐 본 여기저기 페이지에 이미 밑줄이 그어져 있다. 파리 리뷰를 모은 책이라는 부연을 읽어도 그 내용이 전혀 기억나지 않는데…….

몰려드는 걱정 불안을 떨쳐내며 책상에 가 앉는다. 움베르트 에코를 시작으로 오르한 파묵과 무라카미 하루키, 폴 오스터와 이언 매큐언을 읽어나간다. 그렇게 윌리엄 포크너를 훑어볼 때다. '작가에게 가장 좋은 환경은 어떤 것일까?'라는 질문이 눈에 들어온다. 바싹 호기심이 돋는다.

예술은 환경과 아무런 관련이 없습니다. 예술은 어디에서 창조되든 상관없습니다. …… 예술가가 필요로 하는 유일한 환경은 평화, 고독, 너무 비용이 많이 들지 않는 즐거움뿐입니다. …… 제 경험으로는, 제 직업에 필요한 것은 종이, 담배, 음식과 약간의 위스키뿐입니다.

갑자기 억하심정이 몰려온 건, 『작가란 무엇인가』를 읽기 전 『자기만의 방』을 읽은 때문이리라, 적으나마 고정된 수입과 작으나마 자기만의 공간이 작가의 세상을 향한 태도에 얼마나 큰 영향을 미치는지에 대해 말한……. 1882년생 버지니아 울프와 1897년생 윌리엄 포크너는 나이 차는 불과 15년. 19세기는 지금처럼 속도가 빠른 세상이 아니었으니 이 두 사람은 동시대를 살았다고도 할 수 있겠다. 그런데 이 두 남녀 작가의 말, 이렇게 달라도 되는 걸까? 몹쓸 차별이라도 당한 듯 혼자 씩씩대다 책장으로 가 『자기만의 방』을 가져온다.

나는 은화를 지갑 안에 살랑 집어넣으며 생각했어요. 고정된 수입이 몰고 온 변화가 굉장하구나. 사람의 기질을 이토록 변화시키다니, 정말 놀라운 일이야. …… 그 결과 단순히 수고와 노동만 멈춘 것이 아니라 증오와 쓰라

림도 그쳤어요. 나는 어떤 사람도 미워할 필요가 없어요. …… 그 누구에게도 아첨할 필요가 없어요.

좌우로 저어지던 고개가 절로 멈춘다. 흥분이 가라앉으면서 우리나라 여성작가들의 나라 안은 물론 국제무대에서의 활약상이 생각난 것이다. 적어도 내 시대엔 '자기만의 방'과 '은화'의 필요성이 어느 한 성性에 국한해 얘기될 게 아니라는 자각이 일어난 것. 어쩌면 그건 처음부터 그랬던 건지도 모른다.

페이지를 넘긴다. 모든 예술인 아니, 소신껏 뭔가를 하고 있는 사람에게 공간과 물질의 축복을 빌어주면서다. 그러다 발견한 문장들…….

똑같은 책이 '위대한 책' 또는 '무가치한 책'이라는 두 이름으로 불리지요. 칭찬이나 비난은 다 같이 아무 의미도 없어요. …… 여러분이 쓰고 싶은 것을 쓰는 것. 그게 가장 중요한 일이죠. …… 은빛 상배를 손에 쥔 교장이나 측정자를 들고 소매를 걷어붙인 교수에게 경의를 표하기 위해 당신이 지닌 비전의 머리카락 한 올이나 그 색조의 농도를 조금이라도 희생시킨다면 그야말로 가장 비굴한 변절이에요.

옳고도 옳은 말이다. 솔직히 상(賞)이란 것에 일찌감치 실망했다. 수필(나는 이 분야밖에 모르니까)의 경우, 문학성이나 독창성보다 공로나 인맥이 평가의 기준이었나 싶은 상도 간혹 있어서다. 그런데 버지니아 울프는 칭찬이든 비난이든 애초 아무 의미가 없단다. 그것을 위해 자신을 바꾸는 것은 가장 비굴한 변절이고 가장 큰 재앙이란다.

가슴 저 깊은 곳을 뭔가가 간질이는 느낌……. 그 뭔가에 충만해진 채 『자기만의 방』을 내려놓는다. 맞다. 중요한 것은 남의 눈치나 다른 사람의 평가에 나 자신을, 내 글을, 굴복시키지 않는 것이리라. 내가 쓸 수 있고 쓰고 싶은 것들을 묵묵히 내 방식대로 밀고 나가는 것이 내가 할 일이리라. 그러니까 하찮고 사소하고 시시한 것들을 무겁거나 경직되지 않은 어조로 정직하게 정성 들여 그려내는 것.

다시 『작가란 무엇인가』를 집어 든다. 우연히 펼친 페이지에 윌리엄 포크너가 있다. 그가 말한다, 99퍼센트의 재능, 99퍼센트의 훈련, 99퍼센트의 작업이라고. 좋은 소설가가 되기 위해 따라야 할 좋은 방법이 있나요, 라는 인터뷰어의 질문에 대한 대답이다. 바로 뒤에는 재미있는 언급이 덧붙어 있다.

> 예술가는 악마가 몰아대는 그런 피조물이지요. 악마가

왜 그를 선택했는지 그는 모릅니다. 소설가는 대개 너무 바빠서 왜 그런지 궁금해하지도 않습니다. 그는 소설을 마치기 위해 아무에게서나 훔쳐오고, 빌려오고, 구걸하고, 빼앗아 온다는 점에서 도덕과는 완전히 관계없지요.

악마? 부도덕? 떨떠름 하기는 하지만 충분히 수긍이 가는 말이다. 그런데 나 지금, 너무 바빠 그런 거 궁금해하지도 않는다는 소설가 흉내가 내고 싶어지는 건 왜일까?

그래, 당장 글을 쓰는 거다.

제 직업에 필요한 것은 종이, 담배, 음식과 약간의 위스키뿐이라는 윌리엄 포크너의 말을 떠올리면서 책상으로 가 노트북을 연다. 내 글쓰기에 필요한 것은 노트북과 커피와 비스킷이라는 생각을 하면서다.

곧 커피포트에서 물이 끓기 시작한다. 이미 이빨 사이에선 비스킷이 부서지고 있다. 노트북 화면에는 앞서거니 뒤서거니 토닥토닥 글자들이 늘어나고 있다. 이 책에서 훔쳐오고 저 책에서 구걸한, 이것저것에서 빼앗아 온 문장들이겠다. 어쩌면 내가 눈으로, 마음으로, 찾아내고 수집한 실재들······.

나가며

꿈꾸는 카멜레온

 머릿속이 멍하다. 정신이 하나도 없다. 방금 꿈속 내가 자기 세상에서 여러 일을 겪는 걸 보고 있었는데……. 귓바퀴를 맴돌다 파고든 까토 까토가 무슨 신호인 양 연기자가 바뀌었다. 꿈속 나는 안개처럼 사라지고 실제의 내가 침대에서 게슴츠레 눈 뜨는 것으로 액션을 시작했달까. 어안이 벙벙한 채 다시 눈을 감는다. 기상을 재촉하며 울어댄 스마트폰은 내버려 둔 채 흩어지는 꿈을 더듬는다.

 사람들이 나를 둘러싸고 있었다. 모두 여자였다. 그중 한 사람이 내 앞으로 다가왔다. 손을 뻗어 나와 키를 견주었다. 나보다 젊어 보이는 그 키 큰 여자를 밀치며 다른 여자가 내 앞에 나섰다. 그녀도 나와 키를 쟀다. 내가 뭔가를 잘못했구나, 싶은 생각이 들었다. 주눅이 든 채 내 행동에 나쁜 의도 같은 건 없었다고, 나는 아무것도 아니라고, 사정하듯 말했다. 순간, 표정이 편안해지는 그녀들. 내가 슬며시 입꼬리를 올리자 손뼉을 치며 큰소리로 웃기까지 했다.

그녀들이 나를 이끌고 한 집으로 들어갔다. 행동이 정중한 데다 얼굴에 옅은 웃음기까지 띠고 있어 겁은 나지 않았다. 거실에는 많은 사람이 모여 있었다. 가운데 헬멧을 쓴 남자아이가 눈에 들어왔다. 얼굴까지 가리는 헬멧이었다. 옆에 멀뚱한 표정으로 서 있던 아이의 형은 나와 눈이 마주치자 사람들 사이로 걸어가 섞였다. 누군가 부모가 사고로 죽은 후 헬멧을 절대 벗지 않는다며, 잘 먹지 않아 저렇게 말랐다며, 속닥댔다. 어느샌가 나는 헬멧의 아이에게 다가가 있었다. 아이를 양손으로 잡아 일으켰다. 손을 잡고 흔들며 스텝을 밟기 시작했다. 아이도 순순히 나를 따라 빙빙 돌며 춤을 추었다. 사람들의 시선이 조금 거북했지만 동시에 자랑스럽기도 했다. 춤추던 아이가 내 손을 끌어당기며 바닥에 앉았다. 함께 따라 앉은 내 머리에 자기의 헬멧을 벗어 씌웠다. 직사각의 조그만 유리를 통해 밖이 보였다. 흐릿했다. 바닥에 무릎 꿇듯 앉은 아이가 헬멧에 달린 단추를 돌렸다. 서서히 시야가 선명해졌다. 초록으로 풍성한 숲이 눈앞에 펼쳐졌다. 순간, 어디선가 들려오는 뜬금없는 까토 까토.

나가며

장면마다 선명한 꿈이 여전히 의아하다. 꿈을 어떻게 해석해야 할지 도통 모르겠다. 그런데 마지막 숲의 장면, 왠지 눈에 익지 않은가? 어디서 많이 본 것 같지 않은가? 아, 맞다! 2년 전인가, 몇 날 몇 주, 무엇에 홀린 듯 한 장 한 장 정성껏 그림 그려 만든 『카멜레온 파랑이』! 당장 이불을 차고 일어나 그림책 정확히는, 22쪽 더미 북을 찾아낸다. 맞다, 꿈에서 본 숲은 내가 그림책의 배경으로 그렸던 거, 이거다.

『카멜레온 파랑이』의 줄거리는 단순하다. 노란 애벌레를 따라가다 악어 연못에 빠진 카멜레온이 파랗게 질리며 파랑이가 됐는데, 안 그래도 겁에 질려 있는 녀석을 친구와 이웃이 놀려대는 통에 몸에서 수치의 파란색을 벗어내지 못한다는 이야기다. 푸른 숲에서 홀로 파랑이인 녀석이 밥 먹듯 배를 곯다 사냥 중인 친척 할아버지를 만나 메뚜기를 나눠 먹는다는, 할아버지로부터 파란 물결 넘실대는 바닷가 마을에선 파란 카멜레온이 추앙받는다는 말을 듣고 당장 길을 떠난다는 이야기다. 하지만 그 소망의 기쁨이 지나쳤던 걸까. 히죽이죽 길을 재촉하던 파랑이의 피부에 하나둘 노랑 반점이 돋아나더니 급기야 황금색으로 번쩍이기까지 한다는, 자신의 변신에 당황한 파랑이가 허둥허둥 악어의 벌린 입과 손가락질을 떠올려 보지만 변색은 점점 심해져 결국 온몸이 빨갛게 물들고 만다는 이야기다.

그런데 묘하다. 파랑이를 만들 때 의도했던 건 아닌데 새삼 파랑이가 나인 것만 같다. 굳이 경치 좋고 물 좋은 제주로, 섬 안에서도 시골인 한경면으로 옮겨와 집에만 박혀 있기 때문이다. 초록 세계에 뛰어들어 여전히 파란 몸으로, 주변 색에 물들지 못한 채 혼자 튀며 살고 있기 때문이다. 얼마 전엔 이제 내가 명랑한 은둔자에서 까칠한 고립자로 넘어갔구나, 싶은 생각까지도 했다. 둘 다 어디선가 주워들은 말이겠지만, 은둔자는 허구한 날 홀로 사각 벽에 갇혀서도 즐거워하는 나를 스스로 빗대본 말이고, 고립자는 이제 원한들 스스로 담을 넘어서기 어렵겠단 느낌에 자조하듯 붙여본 말이었다.

그렇다면 방금 꾼 꿈, 혹시 꿈속 내가 실제의 나에게 자기 염려를 전달……?

자칭 꿈장이 나는 나름의 꿈 이론을 갖고 있다. 꿈에 등장하는 각각의 나들이 실제의 내가 피워올린 수많은 존재라는 생각이다. 나무의 꽃이나 열매처럼 같지만 다르고, 연결되어 있지만 개개 독립적인……. 꿈속의 내가 실제의 내가 모르는 사람들을 만나 현실의 나라면 하지 않을 행동을 곧잘 하기 때문이다. 그래서 꿈속 오늘의 내가 어제의 나와 다르고 또 내일의 나와도 다를 것임을 알고 있기 때문이다.

나가며

하지만 나는 벽이나 담을 작심했던 적이 없다. 오히려 6년 전 이사 올 때는, 도시 아파트에서의 나와는 달라지리라, 반대의 각오를 했었다. 실제로도 이웃들과 어울려 잘 지냈다. 함께 양파도 주워보고 밀감도 따보고 고사리도 꺾어보고 텃밭 작물과 마당의 꽃을 서로 나누며. 그뿐인가 서로의 사정과 음식은 또 얼마나 자주 오갔던가.

전환의 계기는 코로나19였다. 격리 중 오랜만에 만난 동생뻘 지인에게 들은 말이 내게 깨달음이랄까, 자성을 갖게 했던 것. 어떻게 지내고 있냐고 그녀가 물었을 것이다. 나는 내 근황을 솔직하게, 필요 이상으로 친절 자세하게 이야기했을 테고. 그녀가 말했다.

"나는 괜찮은데 다른 사람한테는 그런 말 하지 마세요. 잘난 척한다고 생각해요."

많이 놀랐다. 장난스레 한 말일 수도 있지만 나는 심각했다. 나름 조심했기 때문이었다. 존재 자체가 거북할 수도 있겠다 싶어 이사 오기 전부터 경계하고 있었기 때문. 이웃에게는 내가, 그동안 어떤 인생을 살았건, 한가하게 예술 타령이나 하는 사람으로 비치지 싶었다. 생업으로 바쁘고 힘든 사람들 사이에 끼어들어 쓸데없는 일에 돈과 시간을 낭비하는 사람으로.

하기는 나란 인간, 원체 분위기 파악 못 하고 해해대니 조심한들 그게 그거였는지도 모른다. 어쩌면 그녀의 충고가 애초 잘못된 것일 수도 있고. 이든 저든 마음이 편치 않았다. 만남이 거북해졌다. 천천히 오래된 습성으로 돌아갔다. 코로나란 핑계가 있어 굳이 핑계를 댈 필요도 없었다. 공적인 모임 외에는 집을 나가지 않았다.

그런데 이상했다. 섞임의 어려움을 깨닫고 적극적 친교를 포기하자 편안했다. 하기는 파랑이가 그냥 파랑이로 살자고 마음먹었으니, 가끔은 제 기분에 취해 노랑이 빨강이 되는 것도 맘 편히 받아들이자 했으니 자유로울 수밖에. 그러던 중 오늘 묘한 꿈을 꾼 것이다. 장면전환 헬멧을 써 본 것이다.

다시 꿈속 장면들을 돌이켜 본다. 포근한 무언가가, 아지랑이 같은 것이, 가슴 속으로 피어오르는 느낌……. 양손을 잡은 채 함께 돌던 아이와의 춤이, 헬멧의 단추를 조절해 주던 아이의 명확하게 그려지지 않는 얼굴이, 조심스레 내 손을 끌어 앉히던 아이의 그 다정한 몸짓이 여전히 따뜻하고 신비하다. 단추를 돌리자 서서히 변하던 풍경과 둥글게 물러선 채 바라보던 사람들의 시선까지도. 아이는 헬멧을 통해 무엇을 보았던 걸까? 아니, 아이는 누구인 걸까? 고개 저으며 아이가 평안했으면 행복했으면 좋겠다,

생각한다. 장면전환 헬멧을 통하지 않고도, 자신의 힘으로…….

『카멜레온 파랑이』를 제자리에 넣는다. 고립으로까지 나아가는 건 곤란하다며 뚱겨준 꿈속 나에게 오우 케이, 윙크해 주면서다. 그러고 보니 아직도 메시지를 확인하지 않았다!

협탁으로 가 스마트폰을 집어 든다. 그대로 잊힐 수도 있는 꿈을 선명히 되살려 준 분, 이제 보니 합창단에서 함께 노래하는 전 선생님이었다. 볼 때마다 반가워해 주시고, 늘 잘했다 격려해 주시는, 정작 당신이야말로 위로가 필요한 암 환자.

'오늘 시간 되면 만나고 싶다'며 보낸 엄청 귀여운 이모티콘 밑에 '좋아요'라 답한다. 기쁜 마음에 함박웃음도 딸려 보낸다. 화면을 닫는데 갑자기 다른 생각이 머리를 스친다. 내가 지금 살고 있는 곳이 카멜레온 파랑이가 가닿고자 했던 바로 그 바닷가 마을이라는!

뜨듯해진 얼굴로 고개를 젓는다. 그렇게까지 파랑이에 나를 이입하는 건 억지이지 싶다. 그리고 설마하니 내가 섬으로 이주하며 또 이웃들과 사귀며 기대한 게 추앙이었을 라고……? 아니지 싶다. 아닐 것이다. 어쨌거나 이젠……, 아니다.